广播影视业务教育培训丛书

广播电视业务

BROADCASTING & TELEVISION

2020—2021

广播影视业务教育培训丛书编写组　编

主　编：王　蓓

副主编：金德龙　张　宏

编写人员（以姓氏笔画为序）：

马　政　方　华　仇东方　许　颖　孙树凤　李忠杰　张　俊　罗哲宇　周小普

周步恒　涂光晋　魏开鹏

中国国际广播出版社

目　录

第二部分　广播电视写作

第三部分　广播电视新闻编辑

第四部分 广播电视评论

第五部分　广播电视报道类型及规范

《广播电视业务》模拟试卷与参考答案

2020年全国广播电视编辑记者、播音员主持人资格考试大纲

第一章　总　则

第一条　为规范广播电视编辑记者、播音员主持人资格管理，做好全国广播电视编辑记者、播音员主持人资格考试工作，根据《广播电视编辑记者、播音员主持人资格考试办法（试行）》（广发人字〔2005〕552号），制定本大纲。

第二条　本大纲是全国广播电视编辑记者、播音员主持人资格考试命题的依据，供考生备考时参考。

第三条　考试科目：

（一）广播电视编辑记者资格考试科目

综合知识，广播电视基础知识，广播电视业务。

（二）广播电视播音员主持人资格考试科目

综合知识，广播电视基础知识，广播电视播音主持业务（笔试），广播电视播音主持业务（口试）。

第二章　综合知识

第四条　综合知识重点考察考生的知识面和综合素质，要求

考生了解所列知识点。

第五条　综合知识考试时间、考试方式和试题类型：

（一）考试时间为 90 分钟。

（二）考试方式为闭卷、笔试。

（三）试卷满分为 100 分。

（四）试题类型包括单项选择题和多项选择题。

第六条　综合知识内容包括：

一、政治理论知识

（一）马克思列宁主义理论

世界物质统一性原理　世界的普遍联系和永恒发展　物质决定　意识原理　事物矛盾运动的基本原理　唯物辩证法的基本规律　以实践为基础的能动的反映论　真理和检验真理的标准　社会基本矛盾及其运动规律　人民群众和个人在历史上的作用

商品　货币　资本　价值规律　剩余价值　资本主义再生产与资本积累　资本主义基本矛盾　资本主义经济危机

两大发现与科学社会主义的创立　“两个必然”与“两个决不会”　社会发展和人的自由而全面发展　共产主义

（二）毛泽东思想

毛泽东思想的形成、主要内容和历史地位　新民主主义革命总路线　新民主主义基本纲领　人民民主政权　新民主主义革命的三大法宝（统一战线、武装斗争、党的建设）　毛泽东思想活的灵魂（实事求是、群众路线、独立自主）　《实践论》、《矛盾论》、《论十大关系》和《关于正确处理人民内部矛盾的问题》

（三）邓小平理论、“三个代表”重要思想、科学发展观

邓小平理论的形成、主要内容、历史地位　“三个代表”重要思想的形成、主要内容、历史地位　科学发展观的形成、主要内容、历史地位、指导意义　中国特色社会主义道路、中国特色社会主义理论体系、中国特色社会主义制度的形成和发展　中国特色社会主义理论体系是马克思主义中国化的最新成果　建设社会主义文化强国　社会主义核心价值体系　加强党的执政能力建设、先进性和纯洁性建设　党的建设面临“四大考验”“四种危险”　建设学习型、服务型、创新型的马克思主义执政党　马克思主义中国化、时代化、大众化

（四）习近平新时代中国特色社会主义思想

历史性成就与历史性变革　社会主要矛盾变化　新时代内涵与意义　习近平新时代中国特色社会主义思想的重大时代课题（“坚持和发展什么样的中国特色社会主义、怎样坚持和发展中国特色社会主义”）　习近平新时代中国特色社会主义思想的主要内容（“八个明确”“十四条坚持”）　习近平新时代中国特色社会主义思想的历史地位　当代中国马克思主义和21世纪马克思主义

改革开放前后两个历史时期的关系　中国特色社会主义的总依据　中国特色社会主义总任务　“两个一百年”奋斗目标　决胜全面建成小康社会　实现中华民族伟大复兴的中国梦　建成社会主义现代化强国“两步走”战略　进行具有许多新的历史特点的伟大斗争　统筹推进中国特色社会主义“五位一体”总体布局　统揽“四个伟大”　协调推进“四个全面”战略布局　“四个全面”战略布局及相互关系　坚持和完善中国特色社会主义制度、推进国家治理体系和治理能力现代化（重大意义、总体要求、

两者之间关系） 我国国家制度和国家治理体系的显著优势 坚持和完善社会主义基本经济制度 坚定实施“七大战略” 以人民为中心的发展思想 创新、协调、绿色、开放、共享的新发展理念 发挥社会主义市场经济的决定性作用、更好地发挥政府的作用 建设现代化经济体系（科学内涵、主要任务） 经济发展新常态和深化供给侧结构性改革 深化经济体制改革的核心问题 全面深化改革及其总目标 坚持走中国特色社会主义政治发展道路 坚持和完善人民当家作主制度体系 社会主义协商民主 坚持和完善中国特色社会主义法治体系 全面依法治国及其总目标 科学立法、严格执法、公正司法、全民守法的“新十六字”方针 坚持和完善中国特色社会主义行政体制 坚持和完善繁荣发展社会主义先进文化的制度 牢牢掌握意识形态工作领导权 落实意识形态工作责任制 培育和践行社会主义核心价值观 实现中华优秀传统文化的创造性转化和创新性发展 建设社会主义文化强国 共产主义理想和中国特色社会主义共同思想 网络强国战略思想 传播手段建设与创新 互联网内容建设 建立网络综合治理体系 构建网上网下同心圆 坚持和完善统筹城乡的民生保障制度 精准扶贫精准脱贫 坚持和完善共建共治共享的社会治理制度 总体国家安全观 坚持和完善生态文明制度体系 建设美丽中国 推动形成绿色发展方式和生活方式 坚持和完善党对人民军队的绝对领导制度 中国特色强军之路 推动军民融合深度发展 坚持和完善“一国两制”制度体系 实现祖国完全统一是中华民族根本利益所在 一个中国原则是两岸关系的政治基础 反对任何形式的“台独”分裂活动 坚持和完善独立自主的和平外交政策 始终不渝走和平发展道路 促进世界和平与发展 中国方案 “一带一路”倡议 共商共建共享的全球治理观 正确义利观 构建人类命运共同体 坚持和完善党的领导制度体系　坚持党对一切工作的领导　增强“四个意识”　坚定“四个自信”　做到“两个维护”　中国特色社会主义最本质的特征和制度的最大优势　全面从严治党　新时代党的建设总要求　政治建设是党的根本性建设　新时代党的组织路线　新时代中国共产党的历史使命　党的群众路线教育实践活动　“三严三实”专题教育　“两学一做”学习教育　“不忘初心、牢记使命”主题教育　严肃党内政治生活　净化党内政治生态　坚持和完善党和国家监督体系　人民立场是我们党的根本政治立场　党在社会主义初级阶段的基本路线是党和国家的生命线、人民的幸福线　党的自我革命与伟大社会革命

（五）近期国内外重大事件

二、法律基础知识与相关法律法规

（一）宪法

我国的国家指导思想　我国的国体　中国特色社会主义事业总体布局　中国特色社会主义最本质的特征　依法治国　我国的文化制度　我国公民的基本权利和义务　倡导社会主义核心价值观　宪法　宣誓制度　监察制度　使用语言文字的原则　国旗、国歌、国徽、首都的规定

（二）相关法律法规

民法总则　未成年人法定年龄标准　保护人身自由、人格尊严　保护自然人的生命权、身体权、健康权、姓名权、肖像权、名誉权、荣誉权、隐私权、婚姻自主权　保护法人、非法人组织的名称权、名誉权、荣誉权　保护个人信息　保护英雄烈士

刑法　为境外窃取、刺探、收买、非法提供国家秘密、情报罪　破坏广播电视设施罪　侵犯著作权罪　损害商业信誉、商品

声誉罪　虚假广告罪　诬告陷害罪　侮辱罪　诽谤罪　煽动民族仇恨、民族歧视罪　非法获取国家秘密罪　扰乱无线电通讯管理秩序罪　传播淫秽物品罪　侮辱国旗、国徽、国歌罪　泄露国家秘密罪

刑事诉讼法　不得强迫自证其罪原则　未成年人犯罪案件的报道

公共文化服务保障法　公共文化服务的负责部门　公共文化设施　政府公开公共文化服务信息和媒体监督

国歌法　国歌的名称　国歌的法律地位　维护国歌尊严　禁止奏唱国歌的场合　国歌的宣传教育　广播电台电视台播放国歌的法定时点

英雄烈士保护法　英雄烈士的法律地位　烈士纪念日　鼓励和支持英雄烈士事迹创作生产和宣传推广　广播电台电视台广泛宣传英雄烈士事迹和精神的法定义务　广播电视行政部门保护英雄烈士名誉、荣誉的法定职责

未成年人保护法　未成年人节目管理规定　未成年人合法权益保护　制作传播内容要求

知识产权法律体系　著作权法保护的作品范围　著作权权利种类　著作权权利限制　表演者权利和义务　录音录像制作者权利和义务　广播电台、电视台权利和义务　职务作品

国家安全法　总体国家安全观　国家安全教育日　培育和践行社会主义核心价值观，掌握意识形态领域主导权是维护国家安全的重要任务

网络安全法　网络安全等级保护　网络产品和服务强制认证　个人信息保护　网络用户实名制　网络信息发布行为规范

保守国家秘密法　国家秘密范围　法律责任

监察法　监察委员会　监察范围　对监察机关和监察人员的监督

广告法　广播电台电视台发布广告内容准则和行为规范　未成年人广告的特别规定　广播电台电视台违反广告法的法律责任　广播电视行政管理部门的监管职责和法律责任

证券法　证券交易内幕信息　证券交易内幕信息的知情人　证券内幕交易的法律责任

国家通用语言文字法　国家通用语言文字基本原则　国家通用语言文字使用

《广播电视管理条例》　禁止制作、播放的广播电视节目　广播电视新闻应当遵守的原则　广播电台、电视台使用语言文字的原则　广播电台、电视台审查节目的要求

《政府信息公开条例》　《信息网络传播权保护条例》　《互联网新闻信息服务管理规定》　《网络音视频信息服务管理规定》

三、经济学、社会学、文学

社会主义初级阶段的基本经济制度和分配制度　社会主义市场经济体制的基本特征　供给与需求　自由经营与政府干预　资源配置　成本与收益　国内生产总值（GDP）　居民消费价格指数（CPI）　恩格尔系数　基尼系数　通货膨胀与通货紧缩　充分就业与失业　财政政策和货币政策　顺差和逆差　外汇与汇率　自由贸易与保护贸易　固定汇率制度与浮动汇率制度　欧盟　区域经济一体化和经济全球化　世界贸易组织　世界银行和国际货币基金组织

社会化　社会角色　社会规范　社区　社会分层　现代化　社会保障

《诗经》　《楚辞》　《史记》　唐诗　宋词　《三国演

义》《水浒传》《西游记》《红楼梦》 新文化运动 鲁迅 沈从文 茅盾 《荷马史诗》 文艺复兴 莎士比亚 巴尔扎克 卡夫卡

第三章　广播电视基础知识

第七条　广播电视基础知识重点考察考生对广播电视工作认知程度，要求考生掌握马克思主义新闻观、党的新闻宣传工作方针原则、新闻工作者的职业道德规范、广播电视常识。

第八条　广播电视基础知识考试时间、考试方式和试题类型：

（一）考试时间为 90 分钟。

（二）考试方式为闭卷、笔试。

（三）试卷满分为 100 分。

（四）试题类型包括选择题、简答题、辨析题、论述题。

第九条　广播电视基础知识内容包括：

一、马克思主义新闻观和中国社会主义新闻事业的方针原则

（一）马克思主义新闻观

马克思主义新闻观的含义　马克思主义新闻观的形成与发展　新闻战线“三项学习教育”活动的内涵要求　践行“四力”　坚决反对“四风”特别是形式主义、官僚主义　中国共产党宣传工作条例

（二）中国社会主义新闻事业的基本方针

为人民服务、为社会主义服务、为全党全国工作大局服

务　团结稳定鼓劲、正面宣传为主

（三）新闻工作的党性原则

党性原则是马克思主义新闻观的根本原则　党性原则的含义与基本要求　坚持党对新闻工作的领导　坚持党性和人民性的统一

（四）舆论导向

舆论导向的含义　坚持正确舆论导向的基本要求　把握新闻宣传的时度效　坚持正确的政治方向、舆论导向和价值取向

（五）舆论监督

舆论监督的实质　舆论监督的社会功能　正确行使舆论监督职能　坚持建设性监督、科学监督、依法监督的原则　把握大局，提高舆论监督水平　舆论监督和正面宣传相统一

（六）政治家办报办台

“政治家办报”的提出与发展　政治家办报办台的基本要求　在新形势下坚持政治家办报办台

（七）新闻真实性原则

新闻是新近发生的事实的报道　新闻定义的内涵

真实是新闻的生命　新闻真实的本质要求与具体要求　实事求是是新闻工作的根本出发点　坚持准确、公正、全面、客观的报道原则　当前新闻真实性方面存在的问题及如何坚持新闻的真实性

以辩证唯物主义反映论指导新闻工作　新闻报道必须以事实为依据　新闻手段　客观报道　全面把握和正确反映社会生活的本质和主流　发扬深入实际、调查研究、求真务实、实事求是的作风

（八）新闻价值

新闻价值的含义　新闻价值的要素　新闻价值的客观性与综合性　新闻价值取向

（九）新闻事业的性质

新闻事业是一定社会的经济基础通过新闻手段的反映　新闻事业属于上层建筑意识形态范畴　新闻事业是综合国力和国家形象的体现

新闻舆论工作的地位作用（“一项重要工作”“一件大事”“五个事关”）　新闻舆论工作的职责使命

（十）贴近实际、贴近生活、贴近群众

“三贴近”原则的含义和基本要求　按照“三贴近”原则加强和改进新闻宣传工作

（十一）推动文化事业与文化产业发展

坚持把社会效益放在首位，社会效益与经济效益相统一　关于推动国有文化企业把社会效益放在首位、实现社会效益和经济效益相统一的指导意见　完善公共文化服务体系　深入实施文化惠民工程

（十二）文艺方针政策

“二为”方向　“双百”方针　深入生活、扎根人民　弘扬主旋律，提倡多样化　思想性、艺术性、观赏性三性统一　倡导讲品位、讲格调、讲责任，抵制低俗、庸俗、媚俗　关于繁荣发展社会主义文艺的意见

（十三）对外宣传工作的基本原则

外宣工作职责使命　外宣工作基本原则　加快建设国际一流媒体

（十四）党的十八大以来习近平总书记关于新闻舆论工作与文艺工作的重要讲话

在全国宣传思想工作会议上的讲话　在党的新闻舆论工作座谈会上的讲话　视察解放军报社的讲话　在全国网络安全和信息化工作会议上的讲话　在第十九届中央政治局第十二次集体学习时就全媒体时代和媒体融合发展发表的重要讲话　在文艺工作座谈会上的讲话　在中国文联十大、中国作协九大开幕式上的讲话

二、新闻工作者职业道德

（一）新闻工作者责任

新闻职业与新闻工作者　新闻工作者的职业特征　新闻工作者的社会责任　新闻工作者的职业修养

（二）新闻职业道德

新闻职业道德的本质特征　新闻职业道德的基本原则和规范　新闻工作的法律规范　新闻工作者职业道德建设的意义　违反新闻工作者职业道德的行为

（三）广播电视工作者职业道德

《中国新闻工作者职业道德准则》（2019年11月7日修订）　《中国广播电视编辑记者职业道德准则》　《中国广播电视播音员主持人职业道德准则》　《新闻从业人员职务行为信息管理办法》　《中国记协新闻道德委员会章程（试行）》

三、广播电视常识

（一）新中国广播电视发展

延安新华广播电台　北平新华广播电台　国家广播电视总局　中央广播电视总台　中央人民广播电台　中国国际广播电台　中央电视台　中国国际电视台（中国环球电视网）　央广

网　国际在线　中国网络电视台　央视频

（二）广播电视节目概述

广播电视节目　广播电视的传播特点　广播的传播符号　电视的传播符号　电视影像的要素　广播电视新闻的语言表达　广播新闻中音响与文字的关系　电视新闻中画面、音响与文字的关系　公益广告

（三）新型传播平台的概念和种类

媒体的数字化、网络化、移动化、智能化　智慧广电战略　移动优先战略　微信　微博　客户端　社交媒体　网络直播　UGC（用户生产内容）　PGC（专业生产内容）　网络主播　网综　网剧　网络电影　短视频　跨屏互动

第四章　广播电视业务

第十条　广播电视业务重点考察考生的广播电视采编能力，要求考生掌握采、写、编、评的基本技能。

第十一条　广播电视业务考试时间、考试方式和试题类型：

（一）考试时间为 150 分钟。

（二）考试方式为闭卷、笔试。

（三）试卷满分为 100 分。

（四）试题类型包括选择题、案例分析题、写作题。

第十二条　广播电视业务内容包括：

一、广播电视采访

（一）广播电视新闻采访

新闻采访　广播电视新闻采访的要求

（二）广播电视新闻采访的选题

新闻线索　确立选题的标准

（三）广播电视采访准备

广播电视采访的准备　采访提纲的撰写　记者在现场的介入方式　采访对象的选择

（四）广播电视采访方法

现场观察　广播采录的基本要求　电视摄录的基本要求　体验式采访

二、广播电视写作

（一）广播电视新闻写作的基本要求

符合广播电视媒体特点　用事实说话

（二）广播电视新闻的结构要求

结构线索清晰　层次清楚　核心信息处理突出

（三）广播电视消息

广播电视消息　新闻要素　背景　导语　广播电视消息常用结构

（四）广播电视新闻专题

广播电视新闻专题特点　广播电视新闻专题表达手段　广播电视新闻专题常用结构

（五）广播电视现场报道

广播电视现场报道　现场直播

（六）广播电视连续报道与系列报道

连续报道　连续报道的基本要求　系列报道　系列报道的基

本要求

（七）深度报道

（八）全媒体报道

三、广播电视编辑

（一）新闻编辑的主要职责和具体工作

新闻编辑工作的主要职责　选题确定　编辑工作流程　新闻报道的策划　选择稿件　修改稿件　制作标题　栏目编排　录制播出　直播导播　通联　报道策划

（二）节目编辑合成

音像编辑合成　新闻类节目音像编辑的基本原则　广播新闻编辑手法和技巧　电视新闻编辑手法和技巧　情景再现

四、广播电视评论

（一）新闻评论的特点与功能

新闻评论　新闻评论的功能　新闻评论的特点　广播电视新闻评论的特点

（二）新闻评论的说理

论点　论据　论证　据事说理　对比说理

（三）广播电视评论类型

本台评论　本台短评　编后话　新闻述评　谈话类评论　舆论监督节目

五、广播电视报道类型及规范

案件报道　批评性报道　灾难报道　突发事件报道　死亡报道　暴力报道　未成年人报道规范　隐性采访　图片报道　报道

中的禁用词

第五章　广播电视播音主持业务

第十三条　广播电视播音主持业务，重点考察考生对播音主持工作的理解和认识、对播音主持理论基本知识的掌握和运用以及播音主持的实际操作能力。要求考生能以正确的传播理念、良好的声音形象和屏幕形象、标准的普通话和规范而丰富生动的语言表达，完成广播电视的播音主持工作。

第十四条　广播电视播音主持业务考试时间、考试方式和试题类型：

（一）笔试

1. 考试时间为 150 分钟。

2. 考试方式为闭卷。

3. 试卷满分为 100 分。

4. 试题类型包括选择题、简答题、写作题。

（二）口试

1. 准备时间为 10 分钟，考试时间为 5 分钟。

2. 考试方式为闭卷，现场抽题、现场准备、现场考试并录像。

3. 口试满分为 100 分。

4. 试题类型包括新闻播报、话题主持。

第十五条　广播电视播音主持业务内容包括：

一、播音主持工作及播音员主持人职业

（一）播音主持工作的性质、宗旨、意义

播音主持工作的性质　播音主持工作的宗旨　播音主持工作

的意义

（二）播音主持工作的责任

牢固树立党的宣传员和新闻工作者的责任意识　自觉维护祖国语言文字的纯洁　遵纪守法廉洁自律　树立良好的职业形象和社会公众人物形象　勤奋敬业德艺双馨

（三）播音主持工作的地位、规律、特点、创作道路

播音主持工作的地位　播音主持工作的规律　播音主持工作的特点　播音主持正确的创作道路

（四）播音主持职业规范要求和职业道德准则

播音主持职业规范要求

严格区分职业行为和个人行为　遵守和尊重播音主持工作的各项法律法规　遵守和尊重播音主持创作规律认真严肃对待每一次播出　严格遵守安全播出的各项规章制度　尊重被采访对象（特别是未成年人、残疾人、社会弱势群体等）

播音主持职业道德准则

责任　品格　形象　语言　廉洁

（五）播音主持岗位规范的意义、播音主持工作优良传统和作风

播音主持岗位规范的意义

有助于培养严谨的工作作风　有利于提高播出质量　有助于塑造良好的媒体形象　以高水平、高质量的播出，树立自己的职业形象　以谦虚的态度和精湛的艺术，尊重和保护自己的职业尊严

播音主持工作优良传统和作风

坚定正确的政治方向　尽职尽责的承担职业责任　全方位主动积极学习积累广博的文化知识　一丝不苟的勤学苦练专业基本

功　严谨细致的工作作风　表里如一的慎独品格　精益求精的敬业精神

二、播音主持职业首要的必备基础知识

（一）新闻素质

新闻的基本概念：真实性　准确性　价值　意义等

现场报道的基本能力要求：细致的现场观察能力　敏锐的新闻洞察能力　综合分析、理清思路的逻辑能力　准确的语言表述能力等

（二）语言文字素养

1. 对语言文字基本概念、知识的掌握

2. 按照职业要求运用语言文字的基本能力

基本的准确运用词语概念表述的能力　符合语法规范、用基本通顺的语句叙述内容的能力　思路清晰、条理层次分明的逻辑能力　语言生动形象的修辞能力

（三）形体语言、基本礼仪、交流沟通能力

形体语言的基本形态　形体语言的基本功能　形体语言表达的基本规律

职业行为中的必备礼仪　作为公众人物的必备礼仪　日常生活中的必备礼仪

掌握和遵守交流沟通的基本规则　职业行为中的交流和沟通

三、播音主持理论基础知识

（一）播音发声知识

播音发声的基本要求及方法　呼吸原理及方法　呼吸在有声语言表达中的作用　口腔控制原理和要领　口腔控制的目的和意义　吐字归音的方法　吐字归音在语言表达中的作用和意义

（二）普通话语音知识

普通话概念　普通话语音特点　普通话声母、韵母、声调、语流音变、词的轻重格式等知识　普通话异读词读音　人名地名的读音　播音员主持人必备语音工具书

（三）播音主持语言表达知识

1. 创作准备与思想感情的运动状态

备稿的定义、内容、方法以及应注意的问题　思想感情的运动状态　感受、态度、感情　具体感受与整体感受

2. 调动思想感情的方法

情景再现的定义、展开过程以及应注意的问题　内在语的定义、作用、分类以及把握　对象感的定义、特征、把握以及应避免的几个误区

3. 表达思想感情的方法

停连的定义、作用、位置的确定以及表达　重音的定义、作用、位置的确定以及表达　语气的定义、感情色彩和分量、声音形式　节奏的定义、类型以及方法

4. 即兴口语表达

广播电视即兴口语表达的范畴和现状　广播电视即兴口语运用的原则　广播电视即兴口语表达的原则　厚积薄发对即兴口语运用和表达的积极意义　串联词的定义、功能、把握以及创作追求　临场应变——即兴口语表达的致臻境界　即兴口语表达易出现的问题　临场应变的定义、要求、依据、现场控制以及应变策略

四、播音主持业务

（一）文稿播读

1. 新闻类节目及其分类　新闻文稿播读的总体要求　新闻消

息的播读　新闻评论的播读　新闻专稿的播读

2. 文艺类节目及其分类　文艺类文稿播读的总体要求　文艺类文稿播读的具体要求

3. 社教类节目及其分类　社教类文稿播读的总体要求　社教类文稿播读的具体要求

4. 财经类节目及其分类　财经类文稿播读的总体要求　财经类文稿播读的具体要求

（二）话题主持

1. 新闻评论类节目的界定和分类　新闻评论类专题主持的基本要求

2. 财经类节目的界定和分类　财经类专题主持的基本要求

3. 服务类节目的界定和分类　服务类专题主持的基本要求

4. 综艺娱乐类节目的界定和分类　综艺娱乐类专题主持的基本要求

五、播音员主持人形象

（一）播音员主持人的形象概述

1. 形象的定义

2. 职业形象（声音形象、屏幕形象、社会公众形象）　个人形象

（二）塑造播音员主持人形象的意义和作用

1. 有助于塑造媒体形象

2. 有助于先进文化的传播

（三）处理好播音员主持人形象的多重关系

1. 职业形象与个人形象的关系

2. 内在素质与外在形象的关系

3. 个人和集体的关系

（四）塑造播音员主持人形象的具体要求

1. 塑造职业形象的基本要求

声音形象塑造的基本常识和技巧　职业着装的基本概念及搭配技巧　发型造型的基本常识和要求　化妆造型的基本原则及技巧　饰物佩戴的基本常识

2. 表现职业形象的基本要求

体现媒体责任和个人品德　符合中华民族文化传统　尊重大众审美情趣和欣赏习惯　体态与节目的统一、语言与体态的和谐

3. 注重生活中的形象

良好的语言习惯、规范的体态语言　注意言谈举止的社会影响　尊重和保护好自己的职业形象和个人形象

六、口试内容和评判标准

（一）口试内容

1. 新闻播报。应试者面对镜头播报一条自己抽取的新闻稿。

2. 话题主持。应试者从不同栏目类型的话题中选择一题，面对镜头主持。

（二）口试标准

A 级

1. 声音状态

播报和主持节目时，发声状态积极、饱满、大气；声音运用松弛、自如、通畅；声音干净、明朗，圆润、大方。

2. 语音面貌

播报和主持节目时，语音标准，声、韵、调准确无误；语音连贯、流畅；吐字清晰、准确；语调自然。

3. 形象气质

形象端正、大方，服饰、妆容、仪态、仪表符合广播电视职业规范。

4. 语言表达

新闻播报：理解准确，感受具体，感情真挚，基调恰切；语言目的明确，停连重音准确，语句流畅，语气生动，分寸得当；语言表达时状态积极，与受众有真切交流，仪态自然大方；能准确鲜明的体现所播节目的基本形态和特征。

话题主持：导向正确，态度鲜明；内容充实，言之有物；能实现节目的播出目的。

思路清晰，逻辑感强；语言表述准确规范，符合广播电视语体特征和语境；语言表达顺畅，对象感、交流感强；语言运用生动、形象；现场反应积极、敏捷，表现富有个性，能体现栏目特色。

B级

1. 声音状态

播报和主持节目时，发声状态较积极、饱满、大气；声音运用较松弛、自如、通畅；声音较干净、明朗，圆润、大方。

2. 语音面貌

播报和主持节目时，语音基本标准，声、韵、调基本准确，偶有失误；语音基本连贯、流畅；吐字基本清晰、准确；语调总体自然。

3. 形象气质

形象、妆饰、仪态、仪表符合广播电视职业规范。

4. 语言表达

新闻播报：理解正确，有一定感受；感情、基调基本恰切；语言目的基本明确，停连重音无明显失误；语气、分寸把握基本到位；语言表达时状态积极，语句顺畅，有一定的对象感，自然大方。

话题主持：导向正确，态度鲜明；内容比较充实具体；能基本实现播出的具体目的。

思路清晰，逻辑基本清楚；语言表述基本规范，符合广播电视语体特征和语境；语言表达基本顺畅，有一定的对象感、交流感；语言运用偶有词汇、语法等失误；现场反应积极，基本能体现栏目特色及个性。

第六章　附　则

第十六条　本大纲由国家广播电视总局全国广播电视编辑记者、播音员主持人资格考试委员会办公室负责解释。

第一部分

广播电视采访

一、广播电视新闻采访

复习要点提示

- 掌握广播电视新闻采访的特点。
- 掌握广播电视新闻采访的要求。

新闻采访

新闻采访指新闻记者为获得新闻事实材料，对客体进行的访问、观察、思索和记录等调查研究的活动。作为新闻报道的起点和新闻工作的基础活动，新闻采访的基本特点包括：

求新性。记者所要采访的事实是新近发生、发展、变化的新鲜事实，为获取新闻而采访。

突击性。记者的采访讲求时效，要求在较短的时间里完成采访和报道任务。这是记者采访的特点，也是难点。一般的调查研究都比不上记者采访的速度，尤其是突发事件，更要求快采、快写，迅速传播。现代科学技术日新月异，采访的突击性特点更为明显。在广播电视采访中，时效性的要求尤其严格，记者必须具有强烈的时间观念和突击采访的能力，把握时机和主动权，以最新信息赢得受众。这是加快信息传播的需要，也是新闻竞争的需要。

灵活性。记者采访比较灵活，通常只集中于一点，致力于发掘精彩的新闻素材，随时根据情况的变化调整采访对象和内容。

记者采访的灵活性还表现在：根据采访的深入和情况的变化而定，新闻线索发展了，可以增加采访内容，扩展调查范围，挖掘新的有意义的事实材料，也可以变换采访对象，更换新的线索。

广泛性。记者的采访活动涉及面大，接触范围广，各行各业新近发生的有新闻价值的事实，各个领域出现的新情况、新成就和新经验、新问题，都在记者广阔的采访视线之内。记者可以跨行业、跨地区进行采访活动，而且不受采访对象和调查内容的局限。而一般采访之所以具有广泛性，还因为广播、电视等传播媒介有广大受众，受众的需要和兴趣又是多方面的，因此需要记者进行范围广泛的采访，采集人们欲知而未知的新鲜事实，使传播的内容尽可能适应各个行业、各个层次受众的需要。综合性频道（率）记者的采访要求广泛性，专业性频道（率）记者也需要扩大采访面，使新闻报道的内容丰富多彩，提高视听率。

持续性。记者的采访往往随着事物的发展变化，从不同侧面、不同角度进行连续采访，不断提供新的新闻信息。客观事物是在矛盾运动中不断变化的，事物的矛盾运动总是由低到高、由量变到质变的转化过程，而且“无论什么事物的运动都采取两种状态，相对静止的状态和显著的变动状态”。客观事物矛盾运动的阶段性，决定了新闻采访的持续性。所以要随着事物的发展变化，从不同侧面、不同角度，进行不断采访和连续报道，为人们提供有关的新闻信息。

广播电视新闻采访的要求

1. 熟悉带机采访

由于电子传播手段的介入，广播电视采访就整体上说增加了与以往不同的采访形式，即电子媒介记录与采访共生的采访形式。我们称这种采访形式为带机采访。与平面媒体的采访不同，带机采访所获得的信息可以通过声音和影像的方式直接进入新闻节目中，而传统的脱机采访所获得的信息则要首先转换成语言，再以文字或有声语言的方式进行传播。在广播电视采访中，脱机采访更多地承担外围性信息的收集任务，而把关键性信息的采访交由带机采访来完成。

带机采访的特殊性在于，它不仅要考虑到新闻信息的采集，而且要考虑到新闻信息的传达。因此，它不仅涉及所采集新闻信息内容的重要性，也涉及所采集新闻信息形式的表现性。在这里，记者不仅要考虑问什么问题，还要考虑以什么方式发问；不仅要考虑采录到了什么内容，而且要考虑是以什么方式来采录的；不仅要考虑到被采访者语言内容的准确性，还要考虑到其语言表述的生动性等。

做好新闻素材搜集过程的带机采访是整个新闻作品的关键。广播电视新闻采访具有时间同步性。广播电视节目当中，不仅被采访者回答问题时的有声语言可以直接展示在报道当中，新闻事件过程及其细节的展示也都可以通过音像的形式由素材直接来完成。因此，带机采访捕捉到的音像素材将以其不可改变的形式直接构成报道作品的一部分，后期的再创作只能决定对素材的选择与使用，而很难对素材本身进行改变（通过物质手段有可能对画面的部分内容进行突出、强调或遮盖）。换句话说，新闻素材搜集过程的带机采访已经构成了新闻作品制作的有机组成部分，其成败对整个作品具有不可替代的重要影响。它改变了以往回溯式、结论式的报道方式，使报道在时间定位上产生了前移，采访与部分（或全部）报道同步进行，使报道在采访过程中体现，进而产生了“现在进行时”的报道形态。广播电视采访的信息存在于时间流程当中，与真实生活流程一一对应，采访可以实现现场同步传播。

广播电视新闻的采访方式直接关系到新闻报道形式。广播电视的新闻素材可以以原生态形式进入新闻报道，以音像报道等形式进行传播，采访本身可以构成信息的显现形式。这使得新闻报道的形式与新闻素材的获取方式即采访方式发生了密切的关联，前期采访与后期制作不再是彼此脱离的两个环节。因此，采访的方式将给预见报道形式以重要的限定，以保证传播的可信性与合理性。例如在现场报道的形式中，记者或主持人作为新闻现场的目击者与报道者，应该出现在音响（广播）或图像（电视）中，而不应始终处在播音和画外音解说的地位上，否则的话，其目击者的身份就难以得到确证。因此，根据报道形式的需要选取相应的采访方式，将给节目的编辑和信息的传播带来很大的便利，应当在采访之初就对报道形式做到心中有数。

2. 灵活把握记者角色

除了调查者和传播者之外，从事现场报道的广播电视记者同时也是受众观察新闻事件的现场引导者。记者在新闻事件的事发现场对受众进行现场报道的时候，要解说新闻事件的背景和新闻要素，并引导受众观察新闻事件的现场、理解其意义，对可能出现的传播障碍加以解释，必要时通过对现场当事人及有关人士的提问来解答受众的疑惑。现场报道当中，对新闻事件的把握是由受众在对视听信息的整体解码过程当中最终完成的，记者在其中发挥的是引导的作用；这与以往新闻事件首先由记者理解、消化之后再加以叙述传播的方式有很大的区别，它显得更加客观，对受众更加尊重。当然，引导者的角色对报道的影响力非常巨大，记者仍然掌握着传播内容的选择权，但这种由传播方式变化引发的记者角色变化，对记者提出了新的要求。在现场，记者要及时地、随机应变地对环境作从宏观到微观的整体把握，既要对新闻事件的发展作出预测，又要对受众的接受心理与需求作出判断和把握，还要时刻关注传播的目的与传播效果。记者的言行举止及至服饰都会对传播效果产生影响，记者本身也成了广播电视传播中的一个符号，他在新闻现场信息传播过程当中的表现及其对现场的驾驭能力，在一定程度上决定了传播的成败。

3. 熟练操作摄录器材

广播电视新闻采访对设备具有较强的依赖性，新闻素材的采访及传播效果，不仅取决于记者的观察、询问、分析、报道及被采访者的现场表现，还取决于摄录器材的记录效果。熟练地操作摄录器材是对广播电视记者的基本技能要求，而熟练地应用摄录器材的传播特性进行报道，也是广播电视记者所应具备的基本专业素质。相对于广播记者而言，电视记者对摄录器材的依赖性更强。这不仅是由于摄像器材操作更复杂，而且由于其造价更昂贵，因而目前不可能随心所欲、不计成本地使用。一方面，电视转播的特点是它的现场性，在新闻事件的现场同步摄录新闻事实，是它优于其他传播媒介的特点。另一方面，机动性差制约了电视记者亲临突发新闻事件现场的概率。这个矛盾的解决有赖于技术的发展，使摄像器材更加小型化，更加质优价廉，更加便于携带、使用，所摄录的信号更便于传输。数字技术和网络技术的发展已经为我们展现了这样的前景。

4. 注重分工协作

对于电视来说，还有一个它所独具的特点，就是它是以采访小组的形式开展工作，也就是说，电视采访是集体工作的产物，除特殊情况外，一般由两个以上的记者协作，而不是一个记者单兵作战。在电视采访小组当中，一般要有采访记者、摄像记者、录音师，根据采访任务的需要，还可以有灯光师、技术人员、主持人、编辑、编导、制作等。这就要求采访组当中的每一个人都要注重分工协作，不但要做好自己所分管的工作，同时又要与其他的同事很好地协同工作，共同完成好报道任务。在合作的工作方式下，信息的有效沟通就显得格外重要。如果采访记者与摄像记者不能够很好沟通，摄像记者不了解采访记者的意图，或二者在新闻事件现场的配合不够默契，都会给采访工作带来困难，进而影响到采访和传播的效果。

二、广播电视新闻采访的选题

复习要点提示

- 熟悉如何获得新闻线索。
- 掌握新闻线索的特点。
- 掌握新闻采访确立选题的标准。
- 掌握新闻采访选题的方法和步骤。

新闻线索

新闻线索指新闻事实发生的一种信号和征兆，反映新闻事实的简略轮廓或片断。新闻线索是记者追寻新闻的方向和依据。

新闻线索能够触发记者的新闻敏感。新闻线索发出的信号或者征兆，可能是一种简单的信息。这种信息作为触发新闻敏感的外因正是记者发现新闻时所要捕捉的目标。如果没有线索，记者的敏感无法产生，即使再有价值的新闻也会被埋没了。

新闻线索可以指明采访的去向。新闻线索是发现新闻的“窗口”，记者抓住线索就有可能采访到所需要的新闻。新闻线索可以表明哪里有新闻或者可能有新闻，记者应该到哪里去采访和采访什么。所以说，新闻线索是记者采访活动的向导，是给采访引路的。它有助于记者迅速找准采访的方位，找到采访的目标。

新闻线索的价值可以决定报道质量。尽管新闻线索并不等于新闻事实，但它往往显示已经或将要发生什么样的新闻，记者掌握新闻线索的情况直接影响采访活动的效果。如果记者手头的线索又多又好，选择的余地就大，甚至可以好中选优，这样，记者就会工作主动，采访的成效也会更大。

新闻线索具有以下特点：

1. 比较简单，完整性差

新闻线索只是一种片断的情况，只是反映事实的一个简略轮廓或者一些零碎的材料。它一般没有过程，没有细节，不是一个完整的事实，新闻要素更是残缺不全的。

2. 时间短暂，稳定性低

由于新闻事实的发生和存在的特点，有很多新闻是短暂的，时间一过就会失去价值，新闻线索的出现也常常是短暂的。记者要发现线索，往往带有比较大的偶然性。如果记者没有新闻敏感，不会做有心人，就很难发现有价值的线索。

3. 只是信号，有待证实

新闻线索这种信号、征兆，只是表示“发生了什么事”，或者“可能有什么事”。实际情况到底怎样，究竟是怎么一回事，是没有证实的。因此，记者必须认识到线索的不确定性，严格区别新闻线索与新闻事实的界限，不能把线索当作事实写成新闻。

4. 反映现象，变动性大

线索是记者看到、听到或感触到的某个事物的表面现象，这种现象经过实地了解之后，可能会出现多种变化。有的线索经过延伸、发展，确实很有新闻价值，可以采写出重大报道或典型报道，或者进一步发现更有意义的线索。线索中也有的是反映一种假象，与实际情况的距离很大，甚至是完全相反的。

新闻线索的主要来源包括：

记者本人的观察和积累。正如作家要通过观察生活积累创作素材一样，一个好的记者也需要培养出敏锐的观察力，善于调查研究，在现实生活中和采访过程中，深入群众，深入生活，眼观六路，耳听八方，及时发现社会实践当中出现的新矛盾、新问题、新经验、新动向，及时发现不同利益群体中带有普遍性的意见、愿望和要求，通过表面现象的蛛丝马迹，发现有价值的新闻线索，就要积累下来。人们常说记者应该是社会活动家，他所从事的职业决定了他要同各界人士打交道。一个好的新闻工作者，应该充分利用这个有利条件，与各方人士特别是能够接触和提供新闻信息的人士，建立起广泛的联系。

有关会议、文件、简报或有关政策和领导人讲话等。政府部门是指导社会政治经济文化等各方面的权力机构，它们制定的方针政策对社会生活的未来发展具有重大的影响，这些部门既对政策、法规有准确的理解与把握，又了解其制定的过程及其根据，还通过其信息系统掌握着政策、法规在执行当中的新动向、新问题，可以说掌握着较为全面的信息，甚至包括一些具体的新闻报道线索。新闻工作者可以通过这些信息了解社会整体或某具体领域当前状况及未来发展趋势，发扬主流意识形态的新动向，站在全局的高度把握社会发展的脉搏。

来自受众的信息。现代通讯事业已很发达，受众通过写信、打电话、信息传呼、互联网传输等多种方式，与新闻媒介建立起了广泛的信息沟通渠道。在这里，既可以反映出受众的态度和呼声，也蕴藏着丰富的新闻线索。目前，各新闻单位也在有意识地公开征求新闻线索，把自己的热线电话和邮政编码公之于众，设专人职守，既密切了与受众的联系，也开拓了信息源。

从其他媒介获得的信息等。新闻媒体间信息的交流与互动，是新闻工作者日常获得新闻线索的一个重要来源。报刊、通讯社、其他广播电台和电视台的报道，都可以作为新闻线索再发现的来源。此外，各种新闻发布会、记者招待会、会议等信息交流场所以及简报、情况反映等内部信息汇集文件也是一个重要来源。

确立选题的标准

选题是指新闻记者确立新闻报道对象的过程，包括对新闻线索可能引出的新闻事实的价值判断，也包括对新闻报道采制及传播可行性的判断。选题的确立主要考虑以下几个标准：新闻价值标准、新闻政策标准和新闻机构自身的编辑方针与定位。

新闻价值是选择和衡量新闻事实的客观标准，即事实本身所具有的足以构成新闻的特殊素质的总和。新闻价值要素主要包括以下几个方面：

（1）新鲜性。这是新闻价值的首要因素，因为只有新鲜的事实，才有可能具有新闻价值。新鲜性包括两层意思，即时间新、内容新。一条新闻，时间上离开事实发生（变动）的时间越近、内容上包含的未知因素越多，就越有新闻价值。

（2）重要性。是指某个事实既为广大受众所关注，又能对社会产生较大的影响。比起其他的新闻价值要素来，对重要性的判断能体现记者的政治观点和思想倾向。

（3）显著性。是指新闻事实具有不同一般、超出一般的性质。显著性通常是指人物、地点、事件的著名，再就是指事物程度、数量的显赫。

（4）接近性。是指某个事实和受众有某种关联而产生“亲近”

感。首先体现在地址上的接近。受众一般最关心的总是自己周围发生的事情，因为本地发生的事情对其影响更加直接。其次体现在心理上的接近。心理上的接近，往往能让新闻产生一种特有的魅力和吸引力，以至突破某些客观条件的限制。

（5）趣味性。是指事实所特有的情趣和意味，是事实本身所具有的能够引起受众注意或足以动人情感的素质。新闻事实中的趣味性主要表现在两个方面，即奇异现象和人情味。

新闻政策是对新闻事实进行选择的另一标准。这对选择起着决定性的作用，它关系到具有新闻价值的事实能否进行公开报道的“命运”。新闻政策，就是新闻机构及其控制者（国家和政党）对新闻传播内容的强制性规定，也可以说，是国家、政党或地方党政领导机关对所属新闻传媒规定的宣传方针和宣传纪律。我国的新闻政策，是党的总路线、总政策在新闻工作中的具体体现。它包括党和政府就新闻宣传工作作出的决定、决议、指示，党中央领导同志和宣传部门负责人的有关讲话、批示等。

新闻政策标准通常体现为：

（1）政治标准。这是首先从政治上来衡量新闻事实，判断某个事实在政治上的利害关系怎样。在我国，新闻选择的政治标准应包括：坚持无产阶级党性和四项基本原则，在政治上同党中央保持一致；遵守国家的宪法、法律、法令以及有关条例；合乎风俗人情、民族习惯和文化传统；维护共产主义理想和道德。

（2）新闻宣传思想。在一个时期，随着形势的发展变化，新闻传播要着重宣传什么、不能宣传什么的指导思想。新闻宣传思想的规定，是我们党和国家鉴于全局的利益和实际工作需要，对新闻事业实行领导和控制的一种手段、一种形式。随着形势的发展变化，新闻宣传思想会有不同的内容和要求。

新闻机构自身的编辑方针是进行新闻选择的又一标准。我们国家的新闻机构，都在党和政府的统一领导下开展工作，由于各个新闻传播机构各有自己的特色和优势，有着不同的受众对象、报道侧重点或地方特点，并且承担着不尽相同的工作任务。这样，在具体的工作原则与编辑方针上，各个新闻机构又有一些不同的规定和做法。由于各个新闻传播机构的编辑方针不同，它们选择新闻的具体标准也是不同的。记者采写新闻，只有紧紧把握自己所服务的新闻传播机构的编辑方针，才能做到产品对路，提高效益。

选题的方法和步骤

首先，要综合衡量新闻价值要素。新闻价值的新鲜性、重要性、显著性、接近性、趣味性，这些要素是互相联系的，而不是彼此割裂的。这些要素之间的相互作用，可以使新闻产生增值的效果，而不是各个要素的价值简单相加的关系。我们在判断某个事实的新闻价值时，不应当孤立地看待某个要素的作用，而是要综合地看待各个因素相互作用的结果。

其次，要全面权衡新闻政策标准。由于新闻政策标准的内涵通常体现在多方面，我们判断某个事实是否符合新闻政策，就要从多方面联系起来进行权衡。全面权衡的过程，实际上是对新闻不断筛选的过程。要看是否符合政治标准、是否对党和人民有利，这是最基本的一步，事关重大。只有符合政治标准的事实，才能成为新闻媒介公开传播的新闻。如果某个事实不符合政治标准，即使它的新闻价值再大，也不能在媒体上刊播。另外，要看是否能体现当前新闻宣传思想，看看在发表后将会产生怎样的社会效果，这是相当重要的一步。记者要做到这一步，既要对新闻宣传思想有比较深入的理解，又要对社会状态和受众心理有比较清楚的了解。只有社会效果是积极的新闻，才是我们所需要的新闻。

第三，要看是否合乎媒体自身的编辑方针。编辑方针与办台宗旨密切关联，各种不同类型、不同层次的电台、电视台，要着眼于各自的受众对象，按不同的编辑方针取舍新闻。这关系到宣传效果，也是不可忽视的。

选题的步骤主要包括以下三个环节：

对报道的主要内容进行考察。新闻线索是引导新闻采访发现新闻事实的途径，选择这个而不是那个新闻线索的根据就在于传播者对新闻事实的预期。因此，对新闻线索当中潜在的新闻事实的价值评估，也就是对采访报道的主要内容的预想，是选题的首要环节。

对表现形式进行构思。内容的表现形式是多方面的。从报道方式到报道角度、从报道结构到具体表达手段，都需要加以通盘考虑与构思。要通过形象思维设计出报道的整体构想。首先，确定表现形式的根据是报道内容；其次，表现形式决定着采访方式；最后进行可行性分析与论证。

可行性论证。在对报道的内容和表现形式进行了基本的评估和设想之后，还要对其实现的可能性加以评估和论证。由于报道从设想到完成，在整个实施过程当中，有许多具体的因素需要加以考虑，因而，需要从可行性的方面对设想加以推敲。

三、广播电视采访准备

复习要点提示

- 熟悉广播电视采访前的各项准备。
- 掌握采访提纲的撰写内容。

广播电视采访的准备

采访的目的是为了正确地认识客观世界，要想正确地认识它，并准确地反映它，就必须有充分准备，才能达到预期目的。如果采访前没有准备或准备不足，往往事倍功半。

准备中记者应首先收集和研究与选题相关的背景材料，同时筹划采访预案。

抓紧学习、掌握相关政策，并根据党的政策精神，认清当前经济、政治和文化等方面的形势。这样记者才能在采访中深刻认识和把握新闻事实，准确地作出新闻选择，正确地发挥舆论导向和指导工作的作用。

补充相关知识也是准备的重要方面。记者面向广阔的社会，自身的知识也应力求广博。这样，才能在不同领域、不同要求的采访中扩大视野，便于同各种职业的采访对象接触和深谈。面对要进行报道的新事物、新问题，记者必须不断积累知识，完善自己的知识结构。

熟悉采访对象是尽快接近采访对象的重要途径，也是准确提问和深入挖掘素材的前提。采访对象不同，记者要了解熟悉的侧重点也不同。如果采访对象本身就是报道对象，记者对他们各方面的情况，包括生活、工作、学习、学历、经历、家庭、个性、爱好等，都要尽量去熟悉，越多越好。如果是目击者、知情者，特别是一些临时性的消息来源，只需了解一些初步情况，以便能和对方搭上话，做到无拘无束地交谈就行了。

设计采访问题。根据采访方式不同，对采访问题的设计也不同，带机采访还需要准备控制提问和回答的镜头（音响）效果。直接向采访对象提问，是获取新闻素材的主要手段。提问是否成功很大程度上决定着采访的成败。在提问的过程中，容不得记者有迟疑和过多的思考。因此，在提问之前，必须做好充分准备，才能做到发问及时，提问准确，随机应变，抓住要害，掌握主动。

广播电视记者为顺利进行采访还要做好物质和技术准备，包括录音、录像设备、话筒、电池等，并与相关人员做好协调。这些必备的物品，临场时缺少一样，也会影响正常工作，造成难以弥补的损失。

采访提纲的撰写

采访提纲是记者对采访活动的基本设想，包括采访的目的、要求、步骤、方法、时间、采访对象、采访问题、相关背景以及采访中可能出现的困难和处置方法等。写好采访提纲，可避免盲目性，争取采访的主动。

记者在现场的介入方式

现场是指新闻事件发生的真实时间和真实空间。现场是广播电视采访的核心，是广播电视记者采访的直接客体。广播电视采访所面对的现场有两种：一是新闻事件发生的地方，二是由于记者的采访而出现的现场。

广播电视记者对现场的介入方式有：旁观式，就是指记者在现场采访时要尽量保持现场的原生态，把记者对现场的干预减小到最低程度；参与式，记者与现场积极互动，影响采访对象和现场，甚至将记者的现场表现构成现场的一部分。

采访对象的选择

主要从以下几个方面出发：

（1）知情。采访对象的选择以新闻事件为核心向外辐射开来，当事人、目击者能提供最接近事实的信息，相关专家、政府官员等能提供相对权威与独立的见解。

（2）愿讲。注意选择能够配合记者采访的对象。

（3）善于表达。要尽量选择没有语言或行为障碍的采访对象，采访对象应使用规范的语言，在电视采访中，还要避免选择有不良习惯动作、表情者。

四、广播电视采访方法

复习要点提示

- 掌握现场观察的主要内容。
- 掌握广播采录和电视摄录遵循的基本要求。
- 掌握体验式采访的主要内容。

现场观察

现场观察指记者在新闻事件发生的现场、新闻人物活动的现场进行的目击采访，是对客观事实进行由表及里的察看与思考活动，借以印证线索、搜集素材、获得第一手材料。广播电视记者进行的现场观察有以下特点：

观察的直接性。俗话说，耳听为虚，眼见为实。广播电视记者的观察非常重视亲眼所见，并把所见所闻摄录下来，这就要求记者应该直接深入到新闻发生的现场，直面事实，进行直接的观察。

观察的综合性。观察主要是通过眼睛对客观事物进行细致的审视。在这里，视觉器官的作用是非常重要的。观察的特点之一，是它的综合性，即在大脑的支配下，调动起眼、耳、口、鼻、舌、身体等各种器官，对客观事物进行多方面的审视、考察。

观察的客观性。事实是客观存在的，其发展的状态和性质，都是由事物内在的矛盾所决定的，是不以人们的主观意志为转移的，记者不应该依照自己的一厢情愿，戴着有色眼镜进行观察，而应该用客观的视点观察。

观察的经常性。广播电视记者对客观世界的观察，不仅仅表现在某一具体的采访过程中，而是要贯穿于整个记者生涯。

观察的敏感性。在现场观察中，记者要有一双机警、灵敏、锐利的眼睛，既能纵观万物巨变，又能明察秋毫，对于新闻事实，一眼就能看准，很快就能抓住。观察能力的强弱，标志着一个记者业务能力的高低。

现场观察的主要内容包括：

观察捕捉事物变动的态势，把握新闻事件的进程，要注意采录具体生动的情节。有些重大新闻事件具有突然性，记者赶赴现场时，事件本身已经过去，但仍然有迹可循，有象可察，记者可以从现场残余的细节中通过推断看出问题来。

观察捕捉新闻事件发生现场的环境和气氛，捕捉典型的场景、细节和现场气氛信息，是体现新闻报道生动感人的关键环节。对于广播电视而言，对新闻事实感性的传达正是其传播优势所在，记者要注意发现和捕捉这种瞬间印象。

观察捕捉最能表现事物特征的细节，人物的外表特征、动作以及情绪变化等。这些特征和细节往往包含着富有传播价值的信息。

在进行现场观察和采录时要注意：

选择恰当的观察位置，以利于观察的清晰、准确和全面，这也关系到记者能否准确清晰地采录到需要的音响与影像，获取宏观的细节的信息。因此，在关键的瞬间是否抢占有利的观察位置，对广播电视记者而言具有决定性的意义。另外，在可能的情况下，可变换观察位置，多角度、全方位地把握对象及其变化的准确信息；如果报道主体与环境的互动性强，或其整体场面宏大、运动范围广阔，则首先需要选择有较宽阔视野的观察位置，寻找不易受到遮挡和干扰的观察角度；如果报道对象的细节具有重大的新闻价值，如讲话、演示、表情等，则需要选择相对近些的位置。

开拓观察的视野，灵活调动注意力，避免按照固有的思维和观察模式观察和采录。观察是受注意力引导的，而注意力又受到主体心智的制约。观察绝不是被动的，而是伴随着思维的信息获取与处理交互作用的认知过程。这一过程受到观察者既往观念的引导，也受到观察者知识储备和思维能力的限定，并受观察目的性的控制。在观察的现场，记者要充分调动自己的知识积累，发挥自己的思维能力，积极、主动、多角度、灵活机动地调动自己的注意力，而不能“一根筋”。

确定恰当的角色定位，一般情况下，记者以新闻事件的目击者和记录者的身份进行观察和采录，某些情况下，记者也可以以参与者的角色介入新闻现场，获得和传播体验性信息。新闻事件现场，记者以什么样的角色定位进行观察，效果大不一样。这既决定了观察的主观视角，也决定了记者与采访环境之间的互动关系。在一般情况下，记者多采用客观视角，以新闻事件的目击者和记录者的身份，在现场进行采访报道。中立的旁观者身份有利于报道的客观性，消减与被报道者之间可能出现的对立关系，因而适于大多数的采访场合，是较常见的角色定位。在某种情形下，记者也可以采取参与者的角色定位。这种角色定位，有利于获得和传播体验性信息，补充仅靠视觉所不能获得的信息内容，但一定要注意分寸，绝不可喧宾夺主。这种从内部进行“体察”的定位，一般作为辅助手段使用。如果使用得当的话，这种角度具有较强的感染力。

把握好开机时间，要有一定的预见性，把握事件发展的脉络，采录下关键的内容。广播电视的带机采访特别是现场带机采访，需要追踪事态的发展，记录事件最新发生、发展和变化的过程，因而必须抓住事物变化的先兆，预见事态发展的可能性和方向，以便及时做好准备，在事态变化的同时加以记录和报道。细心观察事态的发展状况，及时抓住先兆性的信息，是带机采访成功的重要保证，有时甚至是成败的关键。

同时，将观察与思考结合。记者在现场观察的同时，要迅速通过思考分析和判断信息内容和传播价值。注意记录过程，强调过程性和动态性，展现事件发展的情节或记者采访调查的经过。

广播采录的基本要求

面对新闻题材，是否运用录音采访、如何运用，应从题材的需要出发，恰当使用是成功运用音响、运用录音采访方式的重要前提之一。另外，要从新闻题材提供的可能性出发，这里包括考虑新闻题材是否蕴含音响、新闻题材所蕴含的音响能否采录到、此音响是否宜于公开播出。广播采录的基本要求有以下几点：

（1）注重音响的质量。绝对真实、力求自然、捕捉特点（即把有特点的音响用到报道中去）、尽量清晰，采录时要尽最大努力实现这些要求，获取高质量的音响。

（2）音响绝对真实。首先要求本体真实——所采录的音响，必须是所报道的事物或人物，以及与报道内容确有关联的事物或人物本身发出的声音。也就是说，无论主体音响、环境音响还是背景音响，都不能人工模拟，也不能互相替换。采录真实——坚持采录的同步性，严格按音响本来的面目和实际发生过程采录音响。也就是说，记者在采录音响时，不能按照自己的主观意图，对采访对象进行“导演”和摆布，干涉音响实际发生的状况和过程。音响之可贵，在于它能够比文字更真切地再现新闻事实。而经过导演摆布以后所采录的音响，无论如何都是对事实原貌的篡改。

（3）力求自然。所谓自然，就是所录的音响不勉强、不局促、不呆板、不造作。采录新闻现场实况音响要自然，采录人物讲话尤其要注意自然。在这方面，录音采访和文字采访不大相同。文字采访的目的是为了获取所需的材料，即使采访对象讲话不自然，只要能挖掘到真实而又充分的材料，仍然能写出令人满意的报道。而录音采访如果遇到同样的情形，录下来的音响则会把不自然的状态如实地暴露在听众的面前，从而大大削弱报道的吸引力和感染力。

（4）捕捉特点。有特点的音响用到报道里去，能使人产生新鲜感，具有更大的吸引力。有特点的音响，就是能够反映事物或人物个性的音响。捕捉和恰当运用这种音响，就能更好地表现人物或事物的个性；反之，则可能因音响的一般化而给人以雷同的感觉。一般地说，在人的讲话中，能够传真情、达真意的，都是比较有特点的。

（5）尽量清晰。音响是否清晰，直接关系到新闻报道的效果。新闻现场的音响清晰度不是采录者能够完全控制的。因此只能在正视它的同时，采取适当的弥补措施，要防止任意干预，弄虚作假。在有些伴随事物发展变化而发生的声音中，往往说话声、环境声混在一起，对于这类音响一般只能力求主体音响基本清晰。至于访问录音，由于记者可以选择和控制采访对象和时间，则应该力求全部音响清晰，尽最大努力防止和消除来自周围环境的噪音，增强采录和驾驭音响的能力。影响音响清晰度的还有不少来自主观方面的原因，如：忽视访问环境的选择和检查，结果往往因室内有墙体回声或存在着其他电磁波而造成噪音干扰；采录前没有对录音器材作细致检查，就可能因设备故障而影响音响的清晰度；使用录音器材不当，如话筒离采访对象过近，录下的声音会发“纰”，过远则声音模糊等。

（6）采录时掌握采访的主动权和控制采访节奏。因为音响稍纵即逝，多数情况下只有一次采录机会，因此记者更需要控制采访的主动权，时刻注意现场的变化，捕捉音响。掌握采访节奏是指要注意在采访中突出重点，创造良好的采访氛围，为后期剪接、合成创造条件。

电视摄录的基本要求

电视摄录的基本要求主要是为保证画面和同期声质量的技术要求：

（1）恰当地运用景别。景别指被拍摄的物体在画面中呈现的范围，是电视画面的重要造型元素之一。不同的景别有不同的表现功能，摄录时要灵活运用景别，强化画面的表现力。调整、转换景别主要有两种方法：①改变被摄物与摄像机之间的距离；②机位不变时，改变镜头的焦距。

全景：这是一种介绍性景别。全景除了用于表现人物形体动作外，也常用来表现新闻事件发生的环境，所以又称为“定位镜头”。

中景：这是表现范围相当于成年人膝盖以上部分的景别。由于可以突出人物上半身，被称为观众的视觉注意中心。主要用于表现事物的局部和人物的动作、活动以及与他人的关系。由于中景画面可以包容两个以上的人，便于显示人物之间的关系，表现记者现场采访也常用这一景别。

近景：近景表现人物胸部以上或物体的局部。由于画面空间仅能容纳一个人的胸部以上部分，常和中景联用，借以表现人物的主次关系。在拍摄人物时，近景把主要画面空间留给了人物，而人物的面部表情则异常清晰，所以常被作为表现人物情绪的重要手段。近景拉近了观众与新闻人物的距离，使观众产生与新闻人物同处一个空间的感觉，可以增强观众的参与感和交流感。

特写：这是表现人物头部和物体细部的景别。它比近景的表现范围更小，可以凸显被摄对象某一富于典型意义的局部。常用于以细微处揭示事物的内部特征和本质内涵。它用放大的方式把人物或物体的某一局部突出地呈现在屏幕上，画面形象单一、醒目，是视觉冲击力最强的景别。

（2）精心选择拍摄角度。拍摄角度是摄像机同被摄对象空间位置的角度。这种角度，又分为垂直平面角度（摄像高度，包括平视、仰角、俯角）和水平平面角度（摄像方向，包括正面、侧面、背面）两类。角度不同，屏幕效果千差万别，要主动地、有预见地选择最佳角度拍摄。

① 正面方向拍摄。指摄像机在被摄对象的正前方。这种角度有利于表现对象的特征，画面庄重稳定、端正静穆。用于拍摄人物，画面中的人物仿佛与观众面对面交流。不过，拍摄角度的弱点是形体透视性差，缺乏立体感。

② 侧面方向拍摄。又分为正侧面和斜侧面两种。正侧面拍摄，指摄像机与被摄对象正面成 90 度角。这个方向有利于表现被摄对象的运动姿态、富有变化的轮廓线条以及事物的运动特点。一般用于拍摄活动中的人物和其他运动物体。斜侧面拍摄，指除了正面、正侧面和背面以外的其他拍摄点。斜侧面拍摄时，被摄物体本身的横线，在画面上变为与边框相交的斜线，从而产生形体透视变

化。这种角度拍摄的画面生动活泼，具有较强的纵深感和透视感；有利于表现物体的立体形象和场景的空间深度；也有利于区分人物和景物之间的主次关系，把所要表现的主要人物或景物放在突出的位置上。

③ 背面方向拍摄。指从被摄对象的背后拍摄。这种角度使画面所表现的视线与被摄对象的视线一致，让观众产生与被摄对象同一视线的感受效果。从背面方向拍摄，观众无法看到画面中人物的面部表情，具有某种不确定性和一定的悬念。

④ 平角度拍摄。与被摄对象处于同一水平线上。拍摄人物时，以记者眼睛的高度为基准。平角度拍摄的画面，与人平时观察事物的高度一致，让人感到亲切、熟悉、自然。用于表现移动物体时，可以让观众产生身临其境的感觉。

⑤ 仰角度拍摄。指摄像机低于被摄物体和人物的水平线，镜头上仰的拍摄角度。这种角度能将向上伸延的拍摄对象在画面上展开，有利于强调被摄对象的高度。用仰角度拍摄人物，还可以赋予画面以崇高、庄严、伟大等内涵，激发观众的赞赏、景仰、自豪等情感。

⑥ 俯角度拍摄。摄像机在高于被摄物体水平线的位置拍摄。这种拍摄角度使画面中的地平线上升到画面上端或上端以外，使地平面上分布的景物得到充分的展示，有利于表现平面景物的层次、数量、地理位置，给人以深远辽阔的感觉。用于表现人物，可以展示其位置和活动态势；表现事件，则可以反映出其总体气势，以及事物各方面的位置或相互之间的关系。

（3）巧妙运用光线。光线是电视新闻摄像的又一重要造型元素。恰当运用和处理光线，能够生动、逼真地再现被摄对象的形象、轮廓线条和空间感，赋予画面不同的环境氛围，也能激发观众的情绪和联想。注意要确保画面的基本亮度，当室内自然光亮度不够或不均匀时，需要用人工照明来补光或平衡室内亮度。

（4）恰当运用长镜头。长镜头拍摄的画面完整、连贯，对动作、场景和情节的介绍和表现有一气呵成的特点，适合报道动态性强、持续时间短的新闻。长镜头，又称多构图镜头，指在一个持续时间较长的镜头内，用推、拉、摇、移等方法多层次多景别地对一个事件、一个场景进行拍摄。用长镜头不间断地表现一个事件的过程或一个段落，通过持续的时空记录把真实的新闻场景自然地呈现在屏幕上，形成一种独特的纪实风格。同时由于加大了单一镜头的表现容量，可以把被摄人物、环境以及人和人、人和物的关系等新闻形象融为一体。通过对这些影像的连续记录，既能充分地显示其空间的统一性，又能保持情节、动作、事件发展的时间连续性，可以收到使画面信息更真实、更客观的表现效果。

进行电视摄录应遵循的基本原则是：

（1）真实性原则。把真实性放在首位，不导演，不摆布，让新闻事件自然发生和演变。同时，在采用摄录技巧时，都应以不破坏真实性为原则。

（2）时机原则。对于电视新闻摄录而言，时机意味着一切，对构图、用光、角度选择等表现要素的考虑不能以牺牲记录新闻信息的时机为代价，采录到关键的镜头和音响时形式要素的不完美是可以原谅的。

进行电视摄录的基本方法有：

挑。就是在深入采访的基础上，根据对事物的现场分析、判断、概括和提炼，挑选拍摄最能说明事件本质的形象——动作、神态或事件发生过程中的关键场面。

等。当新闻事件突然发生或等待拍摄的目标出现时，当机立断，毫不迟疑地启动摄像机，把稍纵即逝的画面和同期声记录下来。

抢。是体现摄像记者功力最重要的一环。往往在许多意想不到的新闻事件出现时，不惜任何代价，不计个人的荣辱得失，不管能否播出，首先把事件完整地记录下来，这应是摄像记者终身恪守的信条。

体验式采访

一种基本的采访方法。指记者直接参与所报道的事实，通过亲身感受和体验获得新闻素材的采访方法。可分为专题体验式采访、随机体验式采访、往复体验式采访等类型。

体验式采访中，记者既是事实的观察者、记录者，又是事实的参与者。记者不是事后了解，也不是从旁观察，而是融入报道对象，从一般采访“你做我写”转换为“我做我写”的角色，所以能够深入细致地收集素材，深切细腻地感受事实，可以做出更为真实、深刻、鲜活、动人的报道。

体验式采访具有突出的优点：可以更深入了解事实真相，增加素材的可信度，让素材更为生动鲜活，可以获取其他途径不易获得的素材。

体验式采访也有一定的局限：体验式采访要求记者直接参与，记者可参与的事实范围有限；记者深入事实当中，容易“钻得进去，跳不出来”，产生片面性；记者角色容易发生错位，导致“喧宾夺主”，自己变成报道的主角；体验式采访在一定程度上会影响事实本身的发展，容易导致事实偏离本身的真实状态。

体验式采访要求记者掌握一定的技巧和原则。要做好采访策划，包括确立恰当的选题，确定可行的体验对象，选择合适的体验角色、体验时间、体验地点等都要事先谋划；采访实施中，要协同使用其他采访方法，通过二手资料研读了解所体验事实的背景，应用观察、访问等方法多角度、全方位收集采访对象和现场的素材；记者要求以真实的体会作为追求，注意掌握适当的度，记者要把握本身的角色，谨防身份错位，不宜影响事实本身的状态与发展，要注意相关的法律规范和职业道德要求。

第二部分

广播电视写作

一、广播电视新闻写作的基本要求

复习要点提示

- 掌握广播电视新闻写作要符合媒体自身特点。
- 掌握广播电视新闻写作如何做到用事实说话。

符合广播电视媒体特点

广播电视新闻写作需要符合广播电视媒体的以下传播特点：

（1）快速及时，先声夺人。广播电视在时效性上具有其他媒介不可比拟的优势，甚至可以实现现场直播，广播电视新闻写作应高度重视时效性。

（2）线性传播。广播电视按时间顺序播发节目内容，在写作中要注意不断出现小高潮点，吸引受众；同时要注意稿件结构的完整和信息的完整。

（3）受众广泛。广播电视直接诉诸受众的听觉和视觉器官，较少受文化程度及年龄等因素的影响，因此，受众范围广泛。为适应这一特点，广播电视写作中应注意通俗易懂，少用或不用抽象、复杂的内容。

（4）具体形象，感染力强。广播电视可以运用声音或图像再现人物和事物现场，给受众身临其境的参与感，在广播电视新闻写作中应注意运用好这一特点，激发受众的收听、收视兴趣。

（5）转瞬即逝，不留痕迹。广播电视的信息符号是声音和活动图像，稍纵即逝，广播电视新闻写作应扬长避短，便于受众掌握。

用事实说话

新闻写作的基本方法，即通过叙述事实发表无形的意见。新闻写作要用事实说话，这是因为事实是新闻的本源，新闻是新近发生或发现的事实的报道，没有事实就没有新闻。事实是新闻的实体，也是新闻的存在形式，因此新闻中要用事实。事实胜于雄辩，新闻报道坚持用事实说话，因为事实本身具有强大的说服力。人们认识某种事物，懂得某个道理，总是从具体的事实开始的，从具体到抽象，从感性上升到理性。要让受众接受你的观点，最便捷的办法就是带他们回到具体和感性中去，即回到事实中去。事实最符合受众的需要，听广播、看电视的受众是为了获得更多的事实，而不是观点。用事实说话，是受众对新闻媒体的要求。

如何做到用事实说话？新闻报道中体现客观中立的立场和新闻报道中注意消息来源的多样性，确保报道的客观准确是基本的原则。可采用多种“用事实说话”的手法。

学会用典型事实说话。在新闻报道中常有这样的情况，一个事实选择得好，它可能有以一当十的作用，反之，如果选择得不准，哪怕列举出不少事实，记者想说的话或希望表达的观点，仍然模糊不清，甚至引起歧义。在大量的事实中，要经过层层集中，选取新闻事实，在新闻事实中还要选取它的精华，即典型事实。典型事实必须是受众所未知的鲜活事实，必须是具有重要性而且是具体的事实，接近性可以强化典型事实，有的放矢也是选择典型事实的一个标准。

通过再现场景说话。新闻中的人和事，一般都是有形可感、有物可托的。它们通过采录或摄录逼真地再现，使新闻报道做到有神、有形，使观众仿佛亲历其境、亲眼所见，这种方法自然恰当，会加强可信性和说服力。

运用背景材料说话。新闻报道中的背景材料，常被称为“新闻背后的新闻”。对它所下的最简单的定义是“用来说明新事实的旧事实”。背景材料在新闻报道中有许多作用，其中一个不可忽视的作用，就是通过灵活地使用背景材料，巧妙地表达记者的观点。

借用同期声说话。同期声是指广播电视记者通过采访得来的被采访者的原话。在报道中用同期声已经成为广播电视新闻写作不可或缺的手法。第一，同期声是新闻报道中不同身份、不同个性人物所说的话，不拘一格地引用它们，可以使报道具有现场感，富有变化和人情味，有助于克服新闻写作中容易出现的单调乏味与概念化。第二，同期声一般都有出处，即消息来源，有助于提高新闻的真实性。如果同期声来自重要人物或重要机构，还有助于提高新闻权威性。记者可以利用新闻报道中的人物之口，讲出自己希望说出又不便直接出面说的话。这样的报道看起来更客观，因而加强了说服力。

二、广播电视新闻的结构要求

复习要点提示

- 掌握广播电视新闻的结构要求。

结构线索清晰

广播电视新闻的结构要适应线性传播的特点，力求线索单一，结构单纯，让受众在最短的时间内掌握报道要点。线索单一还包括在新闻报道结构中，往往要按照新闻事件发展的顺序结构报道，逐步切入主题，同时还可以顺着正常思维逻辑来组织新闻内容。这种逐步深入的报道方法，符合人们对客观事物的认识规律，也符合广播电视线性接收的特点。人们总是习惯按顺序收听、收看，如果几次变换角度，会让人搞不清头绪，给内容理解带来困难。而报刊为了增加情节的曲折生动，常常使用倒叙、插叙的手法，这在广播电视新闻中要慎重使用。最常用的结构是时间顺序及层次单纯的逻辑顺序。

层次清楚

在叙事繁简适宜、详略得当的基础上，做到事实之间相互照应、环环紧扣，段落之间过渡自然、步步衔接，使之成为层次清楚的有机整体。广播电视新闻的层次经常采用总分方式划分，即先总括然后再将这个内容具体化。这是符合视听的规律的。开宗明义，头绪清楚是对广播电视新闻层次的要求。

核心信息处理突出

广播电视新闻对核心信息要加以强调和突出，如对核心信息进行适当的重复，在主体部分巧妙强化核心信息，围绕核心信息选择材料和突出主干材料等。

三、广播电视消息

复习要点提示

- 掌握新闻背景的合理运用。
- 熟练掌握广播电视消息导语写作要点。
- 掌握倒金字塔结构的特点。

广播电视消息

广播电视消息指运用广播电视媒体迅速及时、简单扼要地报道新闻事实的一类新闻体裁。它力求以最快的速度、最简洁的语言报道新闻事实，同时需要遵循广播电视的传播规律，以便于声音或声像传播、便于用口说耳听的方式方法描述事物。

新闻要素

新闻报道完备地表述事实通常应具备六个基本要素，即何时（When）、何地（Where）、何人（Who）、何事（What）、何故（Why）和如何（How）。一篇新闻报道在表述中应尽可能地交代清楚这六项内容，但不能强求任何一篇新闻报道都要六要素俱全。

背　景

在新闻事实之外，对新闻事实或新闻事实的某一部分进行解释、补充、反衬或烘托的材料。就事物的产生与发展而言，新闻背景是对人物和事件起作用的历史情况或现实环境。任何事物都不是突然出现，孤立存在的，它们都有一个从无到有，从小到大的渐变过程，与外在的各种相关事物都有一定的联系。抛开这些纵向与横向的联系，很难认识和反映事物的真相。所有的新闻报道、记者的一切采访写作活动，都不能不注意新闻事实产生与发展的客观背景。狭义的新闻背景，应当说是对上述大背景的有选择的反映。

消息主体的任务在很大程度上要由背景材料协助完成。新闻背景在阐明新闻事实、传递信息、揭示新闻主题等方面发挥着重要作用。具体来讲，有以下几个方面：

（1）说明、解释，令新闻通俗易懂。面对媒体报道的新闻事实，受众在理解上往往会遇到各种各样的障碍。新闻背景解释、说明的对象通常有两种：一种是新闻中的名词术语；另一种是用来衬托或补充新闻主体的内容。

（2）运用背景材料揭示事物的意义，唤起社会关注。许多新闻作品要借助背景材料揭示事物的意义。一是面对媒体的报道，受众很想了解：为什么一定要我知道这件事？它意味着什么？二是信息源的需要。有些新闻发布者希望通过媒体这些舆论工具说明某种行为的社会价值，得到社会的理解、认同、支持。三是传播者一方的需要。纳入新闻报道的事物，是严格选择的结果，在媒体一方看来，它们具有使知——让受众了解的必要，这其中就包含着它对社会所具有的某种意义。

（3）用背景进行对比衬托，突出事物特点、显示变化程度。事物的特点是在比较中存在的。新闻需要借助背景材料，以对比和衬托的方式，反映事物的特点、发展变化的程序，显示其新闻性，引起受众的兴趣。

（4）以背景语言加以暗示，表达某种不便明言的观点。在新闻报道活动中，面对采访对象提供的情况，记者总会有自己的分析、看法，有自己的立场、态度。有洞察力的记者，有时还会发现其中隐含的疑点，预见到可能出现的后果。对此，记者往往会感到也有将其传达给受众之必要。记者不能不讲究“说话”的策略，在这种情况下用背景事实进行暗示，便是一个行之有效的办法。这种借背景事实提出异议的做法，显然更有说服力。可见，以客观报道为基础的消息写作，“背景暗示”的确是一种发言的艺术。

（5）借背景为新闻注入知识性、趣味性内涵，使其更可读。新闻媒体，尤其是广播电台、电视台，在报道新闻、传播信息的同时，还具有传播知识、提供欣赏和娱乐的功能。记者要在新闻的选择上多下工夫，同时，还要不失时机地在新闻中加入知识性、趣味性的背景材料，使新闻变得有滋有味。

导 语

导语是整篇消息的第一个单元，它以凝练简洁的语言向受众告知最重要的新闻事实。它起到提示新闻要点与精华、引导视听的作用。广播电视消息导语写作的特点是：

选材精粹。突出最具新闻价值、最有吸引力的事实，或突出最能表现最新事态的新闻要素。广播电视消息的导语，不可能也没有必要概括全部新闻要素，而只能着重强调某些最重要的要素。一般地说，事件性消息注重何时、何事，人物新闻多强调何时、何人，经验性消息更关心何因、如何。至于其他要素，如非必要，完全可以放在新闻主体中分别交代。

具体形象。避免概念化、抽象化，使用经过提炼的典型事实、形象化的情节和富有特点的细节。

简短精炼。明确报道主旨，抓住新闻要害，用准确洗练的语言表达。

照应主体。导语是消息的开头，导语是一则消息的有机组成部分，它不管以什么形式出现，在内容及语言上，要与新闻主体协调一致，相互呼应，防止相互脱节或矛盾。

对于广播消息而言，因为没有标题，要唤起听众的注意和提高收听率，尤其需要精心写好导语。

常见的导语类型包括：

（1）直接式导语。

直接陈述新闻事实，开宗明义，以概括的、直播陈述的方式写作的导语。记者要在纷杂的材料中提炼出精华，以平实自然的语言加以概括和直播陈述。这类导语的优点是：事实、信息的传递最为简洁明了，可谓“直线交流”，极易为观众、听众所理解。广播电视新闻大多采用这类导语。

（2）延缓式导语。

不直接陈述主要新闻事实，而是运用描写、气氛渲染、解释、设问等手法先写一些相关的东西，再引出新闻事实。这类导语具有可视可感的效果，生动有趣，能以形象的画面引起受众的好奇。另外，能以情境感染受众，让受众先有感性认识，再对事实进行理性的思考，从而，可以强化新闻的报道效果。其特点在于，它不是靠单纯事实介绍或议论，而是靠讲故事吸引受众。广播电视新闻特殊的延缓式导语是指先概括新闻事实类别、趋向，再详细交代事实细节，以便受众有适当心理准备，更好接收新闻报道事实的做法，使受众在广播电视新闻报道的“快速流动”中能很好地跟踪、理解报道。

广播电视消息的常用结构

倒金字塔式结构。导语之后，新闻主体按新闻事实的重要程度或受众的关心程度排序的一种结构。特点是头重脚轻，短小精炼，断裂行文（用段落之间的逻辑联系来行文，不用过渡段），优点是重点突出，成稿快，行文干练，有利于受众迅速把握报道重点，也有利于后期编辑控制报道时间。缺点是程式化。适合于时效性强、事件单一的动态新闻。运用这种结构，要尽量与听众的价值标准和心理需求一致起来，引导听众自然地从一个层次过渡到另一个层次；注意交代事实发生的时间，防止因重要程度与时间先后不一致而混淆事实固有的联系；在层次交替时，为听众提供必要的听觉准备，避免突然的转变。

时间顺序结构。导语之后，主体根据新闻事件发生、发展直至结束的先后顺序来安排层次，展示事件的进程，这种结构保持了新闻事实原貌和进展的完整性，行文自然，线索清楚，符合受众接受信息的习惯。不足之处在于最重要的事实在报道中间或结尾，容易被湮没。这种结构常用于现场报道和富于情节性的口播消息。它的叙事与事件的客观进程一致，便于听众了解新闻事件的来龙去脉。运用这种结构要注意突出重点，控制繁简程度，切忌平均使用笔墨，或详略失宜、主次颠倒。

逻辑关系结构。导语之后，主体部分根据事物的内在逻辑或问题的逻辑性来组织材料、安排层次。主体可依据事实之间的因果关系、对比关系、并列关系、递进关系或主从关系等安排层次段落，表现事实。

金字塔式结构。报道将最重要、最精彩的事实放在最后，按照新闻事件的发生顺序或事件的因果关系等来安排组织材料。适用于趣味性或反常性较强的题材，具有悬念感。

四、广播电视新闻专题

复习要点提示

- 熟练掌握广播电视新闻专题的特点。
- 掌握广播电视新闻专题表达手段。
- 熟练掌握广播电视新闻专题的常用结构样式。

广播电视新闻专题特点

广播电视新闻专题是运用广播或电视手段，深入、具体、详尽地报道某一重大新闻事件或某些具有新闻价值又为广大受众关心的典型人物、经验和新出现的社会现象等题材的新闻报道形式，其特点十分突出：

一是主题开掘深刻，揭示事物的本质，反映客观事物的内在规律性。专题不仅报道重要的新闻事实，而且注重反映事物或事件的发展变化过程、原因和影响；不仅讲究事实具体，而且重视发挥典型情况和细节；不仅审视事实的新闻价值，尤其注重从反映社会脉搏和时代精神的高度选择题材、提炼主题。专题也要求具备新闻诸要素，但更注重“为什么”（Why）和“如何”（How）这两个要素。

二是用形象说话。在用事实说话的基础上，捕捉能够更容易被受众感知的声音形象或视觉形象材料，通过个别来反映一般。

体现事物本质的倾向、观点是从场面和情节中自然流露出来的，使受众在形象中满足对事实认知的需要和情感宣泄的需要。

三是表达方式多样。可以有恰当的描写、抒情和议论，并大量使用其他的符号手段，如音乐、音响、特效等。可以用对播、交谈、问答或嘉宾、听众参与的方式播出，表现手段和播出方式比消息丰富多彩。

四是表现功能多样。专题不仅具有提供详尽事实的反映功能，而且具有提示事物来龙去脉及其实质的解释功能、分析功能。随着社会的日益复杂化，后两种功能越来越受到广播媒介和听众的重视，于是近些年来陆续出现了一些专门播出解释性或分析性专稿的节目或专栏。

广播电视新闻专题表达手段

广播新闻专题可同时调动同期声、解说、录音资料、音乐等手段，以对播、交谈、问答或听众参与的方式播出。电视新闻专题的表达手段，包括诉诸视觉的手段，如活动画面、照片、图片、动画、字幕、特技等，诉诸听觉的手段，如同期声、解说、录音资料、音乐等。在新闻专题中适当采用这些手段，与内容协调，起到烘托内容、激发受众情感、引起共鸣的作用。

广播电视新闻专题常用结构

影响广播电视新闻结构的具体因素：一是说、听的线性传播方式；二是听觉与视觉印象的特点；三是受众的收听、收看状态。正是这些因素的综合作用，决定了广播电视新闻专题的结构除了坚持从题材的实际出发以外，还必须要适应视听规律。因此，广播电视新闻专题一般采用纵式、横式和递进式三种结构。

纵式结构是指按新闻事实发生、发展时间顺序组合和编排材料的一种结构形式，也叫单线条过程链接法。适用于报道中心事件、中心故事、中心人物的事实，如有些新闻小故事、事件通讯等。这种结构一目了然的地方，即是将新闻事实的发生、发展的时间顺序，直接作为广播电视专题节目的主要线索。这种纵式结构有以下两种情况：一是按照一个事件的发生、发展过程，按时间顺序叙述下来；二是按照生活中发生的一连串故事的时间顺序，依次叙述。

横式结构是指按照新闻事实内在性质的区别联系，或以多侧面拼接的形式来安排新闻素材。横式结构又分为同时异空结构和多侧面拼接结构。这种结构方式比较适用于报道那些场面宏大，但没有中心事件的新闻事实。同时异空结构，就是将同一时间作为一个平台，将发生在不同空间、不同方位上的事实串联起来，以显示题材的丰富和场面的宏大。这种结构常常用来报道某些纪念日的重要时刻，它是以空间的变换来显示时刻的重要。还有一类叫多侧面拼接结构，常常围绕主题，在一个主题的统领下采用这一主题的不同侧面拼接事实。

递进式结构是指透过现象层层深入到事实背后，步步深入，环环递进，从现象到本质的结构。这类报道往往在一开始提出问题，接下来层层推进，由浅入深地进行分析和调查，最后得出一个结论。递进式结构分析问题，一般是按照由现象到本质、由原因到结果等层层深入的思维轨迹。它的层次与层次之间已不再是并列、平等的关系，而是推进的关系，向前发展的关系，犹如剥笋，一层比一层深入，最后挖掘出本质和灵魂。因此，也有人把递进式称为“剥笋式”。

广播电视新闻专题的结构，力求脉络单纯清晰、层次井然有序。广播电视新闻专题一般以单线结构为基础，讲究顺序而进。所谓顺序，包括顺时间发展之序，顺空间位置变化之序，顺情节来龙去脉之序，顺事物间的逻辑关系之序。这样安排材料，叙述事实，顺乎人们的思路，比较容易听得入耳，也利于人们听后面的、想前面的，边听边琢磨，更好地理解事情的来龙去脉，前因后果，弄清楚人、事、物之间的关系。

在内容上精心剪裁，繁简合乎听众的关注重点。广播电视节目时间有限，要在有限的时间里让听众收听到更多实在的内容，广播电视新闻专题就不能不分主次地罗列所有事实，而必须精心剪裁，力求繁简之间与听众的关注重点相吻合。这样，才有利于更好地表现题材、体现主题。

在逻辑过渡上顺乎思路。过渡是段落、层次间联系的反映，能使广播电视新闻专题更加完整、和谐、流畅、缜密，形成顺当、连贯的视听效果。广播电视新闻专题有多种多样的过渡手段，如有时可以应用关联词、语气词，有时可以应用过渡句、过渡段。只要自然、顺乎思路、顺理成章，任何方式的过渡都无不可。

五、广播电视现场报道

复习要点提示

- 掌握现场报道的结构形式。
- 熟练掌握现场直播的特点和作用。

广播电视现场报道

广播电视现场报道指广播电视记者在采访现场通过话筒或镜头，采访现场有关人员，解说现场实况，直接交代、播报新闻事实的报道方式。是最能发挥广播、电视的特长与优势的报道形式之一。

现场报道立足新闻现场，即一切以现场发生了什么为核心，虽然不排除现场以外的材料，但务必坚持以现场发生的事实为主；感染力强，伴随现场声音或画面，使受众产生身临其境的感受；源于现场，高于现场，现场报道对现场的信息进行了加工和梳理，使信息更加有序化、浓缩化，并通过记者报道提供一些录音机或摄像机不能直接记录的信息。

现场报道在题材选择上要求现场的时间、空间相对集中，记者能在一定时间里，通过自己在现场的采访和报道活动，展现事件的发生、发展和来龙去脉。记者能以恰当的角色进入现场，以目击者、参与者等身份在现场作报道，可以增强报道的可信性和感染力。现场是正在进行时的，现场充满悬念和未知，记者的采访报道正在向未知取材，并向观众展现这个过程。内容较单一、现场事态发生发展的进程对观众具有吸引力的事件性新闻题材更为适合。现场有丰富的同期声或环境声等音响资源。

现场报道的结构形式主要有：（1）线索单一的时序结构。按新闻事件发生、发展的时间顺序安排，记者的叙事与事件的客观进程一致，便于受众了解新闻事件的来龙去脉。（2）导引结构。由记者对新闻事件的概况作简要介绍，唤起受众的兴趣，再把报道内容转到现场事态，进一步在现场挖掘新闻事件。

现场直播

现场直播指与新闻事件或活动的发生发展过程同步，利用广播电视专用设备直接从现场播出的广播或电视节目形式。现场直播与事件保持同步，能够以最快的速度反映事件或活动的全过程，主要运用现场的画面或音响，加上记者客观的描述，带给受众置身现场、亲历其事的感受。它是一种时效最快、感受效果最真切的广播或电视形式。可以说，现场直播是最符合广播电视特性的报道方式。

现场直播主要分为：（1）重大活动类现场直播。包括文艺、体育、重大会议、重大庆典以及其他重要活动。这类活动有大致的规律，这类活动的直播，事先可大体进行预测，有些活动还可以根据直播的要求，事先进行组织、安排，主持人可以事先进行准备，导播可事先准备导播文本。如晚会、足球比赛、人代会党代会开幕式、三峡截流等。（2）新闻直播。是指对正在发生的新闻事件通过电视进行直播，对事件发生、发展过程同步进行传输，除景别的变化和镜头的切换外，不加任何包装。主持人也只能靠临场发挥进行报道。

事件发展的不可预测性和不可控性，新闻事件画面的稍纵即逝是电视新闻直播的特点、难点，也是其魅力所在。由于新闻事件的突发性和偶发性，它们的过程和结果都是事先无法准确预测和控制的，但这正是它的魅力所在。

现场直播的作用突出表现为：通过迅速快捷的现场直播，在第一时间播出报道内容，树立自己媒体的权威。媒体间竞争的一个重要方面就是时效的竞争，能不能在最短的时间里将报道内容传递给受众，对于树立一个媒体的权威至为重要，因而，各媒体在时效上的争夺也十分激烈。诞生于20世纪80年代的CNN，为什么在1991年海湾战争后异军突起，一个重要原因就是它在海湾战争的报道中大量采用电视现场直播，时效之快，令其他许多媒体自愧弗如。

现场直播有利于广播电视媒体扬己之长，避己之短。广播电视长于报道具体的、可视（听）的、动态的、现在的、进行中的、事件性的事实，而短于反映概念的、无形的、抽象的、静态的、过去的、总结式的、非事件性的对象。而现场直播所报道的内容往往都是具体的、动态的、现在的、事件性的，它恰恰符合广播电视具备的长处，使广播电视在与其他媒体的竞争中处于有利的地位。

现场直播能使受众不仅仅知道结果，更重要的是感受过程，相对其他媒体能更好地满足受众的好奇心和求知欲。

现场直播有利于广播电视媒体争夺到广泛的观众群。新闻媒体的竞争，说到底，是对新闻信息的争夺和受众的争夺，如果能在第一时间将最有价值的信息用最快、最好的方式详尽地、全面地、立体地传播给观众，应当是在竞争中取得成功的重要条件，而现场直播，正是目前最好的传播方式。正因为如此，每每遇到重大事件发生，重大的体育赛事，重大的文化活动，人们都期待现场直播。

六、广播电视连续报道与系列报道

复习要点提示

- 掌握连续报道的基本要求。
- 掌握系列报道的基本要求。

连续报道

对正在发生并持续发展的新闻事件在一段时间内进行多次、连续的报道。报道以时间为顺序，随着事件的发生、发展的进程而展开。报道对象事态本身的连续性决定了各次报道之间存在有机的联系，内容承上启下，连续、衔接，呈线性的分布，各次报道之间的顺序不能任意变动。在事态进展过程中进行报道，时间跨度小，每次报道都应有新的依据。连续报道记录了事态发展的整个过程，从事件发生到追踪到结束，应是有头有尾完整无缺的。

连续报道的基本要求

新闻依据要不断添加和变动。每次报道都是新闻事件刚刚发生的最新进展和动向，要分段、分层地将事件发展中有价值的信息及时传播给受众。递进式报道的方式要做到各报道由浅入深，一环扣一环地逐步递进，最终完成整个报道。在节奏把握上，对同一新闻作多次报道和多单元集合，造成一定的舆论强势，当新闻进展较快，可增加报道密度，反之，则减少，形成良好的节奏。

系列报道

围绕同一新闻主题从不同侧面、不同角度作多次、成组的报道。多个独立报道没有外在的连续性，却有内在的必然联系，集合在同一主题思想下，以求对新闻事实作比较系统、全面、有一定深度的报道。系列报道的基本特点是：（1）集中性。围绕同一主题来进行，主题集中不分散。（2）广博性。多角度、多侧面围绕同一主题反映各方面的情况，内容广博，信息量大。（3）深刻性。系列报道题材多为题材重要、重大的非事件性新闻，通过系列组合报道，深入揭示主题，具有深刻性。

系列报道的基本要求

采写系列报道，要根据报道对象的特点和所处环境出发，做到精心设计，从整体目标出发去选择每条新闻的组合排列，同时注意每条新闻的信息量、报道水平，使单条新闻发挥应有的作用，形成整体报道的综合效应；在总主题的统帅下，每条新闻作纵向、横向开拓，使整体报道立体化；选择具体事实表现宏观主题，以小见大，令受众可感、可知。

七、深度报道

复习要点提示

- 掌握深度报道的主要特点。
- 掌握调查性报道、解释性报道、预测性报道的主要写作要求。

深度报道是深刻表现事实的新闻报道。广播电视深度报道主要运用声音和画面等多种因素系统深刻表现事实。

美国专栏作家朱蒙得认为，深度报道要“以今日之事态，核对昨日之背景，从而说出明日的意义。”美国哈钦斯委员会在《一个自由而负责的新闻界》中指出：“所谓深度报道就是围绕社会发展的现实问题，把新闻事件呈现在一种可以表现真正意义的脉络中。”

深度报道是一种文体、一种报道形式还是一种新闻理念，存在分歧和争议。数据新闻报道、融合新闻报道等新的深度报道不断出现，这让深度报道视为一种理念的观点受到更多认同。

深度报道通过立体化、整合性和结构化事实，挖掘新闻事实背后的事实、原因、影响或过程，实现对新闻事实的深度与广度的拓展。主要特点有：主题深刻，认识要触及事实本质，展示事实之间的必然联系，要避免就事论事，进行多向度拓展；采写方法多样，事实的本质往往具有隐蔽性和潜在性，需要记者有较强的开掘能力和掌握可靠的采写方法，包括社会调查、田野调查、数据统计和分析等多种方法；表现丰富，包括调查性报道、分析性报道、解释性报道、可视化报道等，形式上既可以是单篇专题报道，也可以是系列报道、连续报道等多篇组合；成本高昂，采编成本高，费时费力，刊播风险大，受众接受成本高。

广播电视深度报道主要运用声音和画面等深刻表现事实。

深度报道写作的基本要求是通过故事化的手法，深入讲述真实事实，呈现具有深刻意义的主题。不同深度报道的具体采写要求有所区别。

调查性报道

调查性报道是指报道者通过自己独立的调查研究，对某一或某类重要社会事实或社会现象所进行的深入、系统或详细的报道。调查性报道的写作要求主要有：

（1）把握选题原则：公共性、重大性、故事性。无论是突发事件、话题类或者历史类的选题，都要注意与公众利益相关，具有重大的社会影响。

（2）通过深入采访，挖掘事实真相。这是调查性报道的核心。通过不断采访调查获取被掩盖的或者不被重视的事实，是做好调查性报道的关键。采访要点有：不断进行资料研究，收集和研究调查对象的各种文献资料；坚持现场采访，注意获得多方信息源的交叉验证；确保材料准确，关键的材料要多方核实；注意保留证据。

（3）调查性报道写作要求：事实准确、逻辑严谨、平实客观、谨慎保守。在报道中要呈现严谨的证据链条，以事实为本，呈现整体真相；准确性第一，兼顾通俗性；简单切要，避免专业术语；判断要谨慎，留有余地。按照事实特点，灵活选择报道的结构。

常见的结构有：时间顺序，即按时间逻辑“还原”事件；调查顺序，以调查进程为序；问题顺序，以问题逻辑为序。

解释性报道

运用背景等材料，解释新闻事实原因、影响、发展趋向和深层意义等的深度报道。其侧重于原因或意义，其核心是用整合的、立体化的背景事实解释新闻事实。“把每一项重大事件放在特定的社会背景、各种事物的联系中去分析其产生的原因、社会影响及后果。”解释性报道的写作要求主要有：

（1）通过采访系统收集重大事件的背景资料。主要包括关联的背景事实，如环境事实、历史事实、动机等，有解释功能的数据，当事人、见证者、专家等人同期声或引语。

（2）掌握解释的基本方法。建构和展示事实本身之间的关联，即通过常识和一般逻辑对事实加以解释。这是最常见的解释方法。还有一种是通过特定人文社会科学的理论或学科框架对事实进行分析说明。通常要求记者具有相关领域的专业基础。

（3）避免简单归因。既要避免简单化、绝对化的归因，也要避免陷入相对主义。

预测性报道

指通过对现有材料的分析，对未来可能发生的新闻事件进行推论的新闻报道。预测性报道需要记者具有深刻的洞察力、具有突出的历史意识与前瞻意识、具备大局观念与系统思维。其写作要求主要有：

（1）慎重表达预测内容。要避免绝对化预测，多做多元化分析。

（2）注重实证。预测判断要有扎实的实际材料，包括现有的事实材料或者相关领域的权威专家的分析判断。

上述三种内容在广播电视报道中通常以专题报道、特别报道等形式出现。广播电视深度报道还有连续报道和系列报道等形式。

八、全媒体报道

复习要点提示

- 掌握全媒体报道的基础、前提和特征。

在媒体不断融合发展的大背景下，国内外全媒体报道的实践越来越多。全媒体报道指在搭建多媒体融合平台的基础上，建立整合性的业务流程和报道体系，采用多元化手段和方式来完成新闻生产与传播的运作模式。准确理解全媒体报道要注意把握三个要点：

其一，多媒体融合平台是全媒体报道的基础。全媒体并非多门类单一媒体、单一平台的简单相加，也就是并非只是单纯追求媒介形态齐全或者传播手段齐全，而是要实现多种媒体介质、平台的共通与融合，实现媒介门类的深度融会贯通，打造多媒体融合平台。多媒体融合平台是以互联网为基础，利用云计算、大数据和人工智能等技术建设而成的，实现报纸、广播、电视、网站及移动媒体等界限消融的、不同形态媒体资源与优势互补的新型媒体系统。

其二，整合性业务流程是全媒体报道的前提。在媒体融合基础上完成的新闻业务流程再造，实现策划、采写、编辑、制作、播发、互动反馈等业务流程的全线贯通。整合性的业务流程为不同业务环节的协同与共享提供了保障，可实现新闻生产资源的有效共享、新闻传播渠道的无缝覆盖，让受众能够在不同环节、不同节点便利地实现与传播者的互动。

其三，多元化手段是全媒体报道的特征。全媒体报道通过综合运用多种表现表达手段，如文字、图片、声音、影像等多角度、立体化地呈现信息；通过多种报道方式讲述故事，如交互式图片、3D 图像、幻灯片、虚拟现实、图表、互动游戏、音视频等；通过多种渠道和终端传送和展示内容。多元化手段的综合运用使得碎片化的信息得以整合，更好地满足受众的信息需求。

全媒体报道的思维、理念、流程与所要求的技能对记者提出了新的挑战。记者要具备突破媒体界限的思维与能力，形成“一专多能”能力结构，向全媒体记者转型。“一专”，是指精通某一类媒体的报道；“多能”，是指熟悉不同媒体门类的报道要求，了解不同终端的受众需求，从而能够适应融合媒体岗位的流动。例如，过去主要从事电视新闻报道的记者，也要掌握文字报道的基本技巧。

第三部分

广播电视新闻编辑

一、新闻编辑的主要职责和具体工作

复习要点提示

- 熟练掌握新闻编辑工作的主要职责。
- 熟悉新闻信息的取舍标准。
- 掌握新闻报道的选题策划。

新闻编辑工作的主要职责

新闻编辑工作是对新闻传播活动的“总设计”与“总指挥”，是新闻传播活动的“集大成”和总把关。它的主要职责是：

（1）新闻信息的统合。如何将纷繁复杂的信息加以整合，给实时信息以传播价值定位，使新闻的社会功能得到有效的发挥，是编辑部应该履行的职责。新闻信息的统合过程，实际上就是新闻信息的价值定位过程，也就是新闻信息的理解与意义的揭示过程。这就要求编辑部门对新闻信息与社会现实及信息背景有准确的把握，在具体的历史环境中为新闻信息准确定位。信息统合的关键，在于准确地确立并在实践中保持栏目定位。

（2）把关。如果把信息统合作为编辑部门的宏观新闻信息控制的话，“把关”就是对新闻信息的具体控制。作为对新闻信息的选择过程，记者、编辑和责任编辑、编审、主编等各级编辑部领导者，都对新闻信息的选汰施加了个人的影响，但从总体而言，

“把关”所体现的是传媒组织的立场和方针，个人也一般是从媒介组织的角度定位出发行使把关权的。

所谓“把关”，就是按照一定标准对新闻信息进行的取舍。编辑部新闻取舍标准的制定，是与其自身的定位直接相关的。这种把关既包括杜绝新闻报道在政治思想和政策上的差错，也包括对事实处理上的技术性差错。对“把关”的影响主要有三个定位角度，即社会角色定位、专业角色定位和传播对象定位。社会角色定位关注的是媒介的社会责任和政治责任，主要体现在对新闻的倾向性及其传播的社会效果的考量上；专业角色定位关注的是业务水准，以及真实性、准确性、明晰性、时效性、组合性等，是其决定取舍的主要标准；传播对象定位的角度，关注的是新闻信息的服务性，它是从满足目标群体新闻需求和兴趣的角度出发对新闻信息的取舍。

（3）发言。新闻编辑的职责不仅包括组织报道新闻事实，而且要作为承担社会责任的主体，对新闻素材进行“再认识”与“再创造”，并表达对新闻事实的评价。编辑部的发言，大量采用间接的方式，通过对新闻素材重新选择和组合，新闻传播内容及重点的选择，报道词及标题、提要的表达方式与风格的选择，音响图像摄录和编辑中的处理方式、节目的长短和播出时间的选择，节目编排中的位置和其他新闻的搭配等，直接或间接地表达自己具有倾向性的态度和立场，影响受众对新闻事实的理解与判断。需要注意的是，要处理好新闻真实性与倾向性的关系。此外，编辑部还要根据新闻报道内容撰写与之相配的言论，对新闻事件直接发言，阐明观点。

选题确定

编辑人员根据一段时期的新闻政策、社会形势，综合评判新闻事实的新闻价值，再结合栏目（节目）定位，确定报道的题目。

编辑工作流程

首先要根据本媒体、栏目特点和节目的要求确定选题，开展策划，组织稿源；在获得相关稿件的基础上，选择符合节目需要的稿件，对稿件进行必要的修改，为稿件制作合乎规范的标题，并对经过修改的稿件进行编排，确定节目播出形式；节目播出内容和形式确定后，按照不同栏目的形态要求进行录播或直播；节目播出后，及时收集受众反馈情况，继续联系稿源，及时调整、改进栏目的内容编排，为下一次编辑工作做准备。

新闻报道的策划

新闻报道的策划是根据栏目编辑思想、对栏目报道领域的现实状况及其发展趋势的认识预测而作出的未来一定时期的具体规划并组织实施。其具体内容主要包括：确定一定时期的报道中心与重点；制定出报道时机和规模、方式等传播策略；安排选题计划，以及对重点选题的具体规划与组织实施。新闻报道策划的另一个重要方面就是大型报道活动的设计与组织实施，包括重大新闻现场直播及各种较大规模的报道活动。

在进行新闻报道策划时要注意把握广播电视新闻节目的这样几个特点：广播电视新闻媒介组织报道的基本方式为空间型的集

中式与时间型的连续式两种。广播电视作为线性传播媒体，一般而言，更适合于连续式的传播。因此，以量的集中为特点的集中式传播，除一些非常重大的受众关心的新闻事件外，一般较少用于广播电视的报道方式中。不过，空间型的另一种报道方式——多现场同时报道，随着通讯技术的发展，已经越来越经常地被采用。集中报道是在一档栏目中或打通多个栏目，以主要篇幅集中报道某一新闻事件或某一新闻主题，节目形式既可以是单篇报道，也可以是相关报道的组合。其特点是以密集性大信息量，保证信息的全面与深入，并造成传播声势。由于受广播电视的接受特点所限，要特别注意防止信息重复，安排好节奏，以避免引发受众的厌倦与疲劳。在内容的选择上，要特别注意其重要程度，如所选择内容的重要程度过低，会令人感到小题大做，反而影响传播效果。多现场同时报道实际上强调的是时间上的“同时性”与空间上的差异所形成的多视点、广视野效果。它适用于关联地域广阔的新闻事件报道，特别是现场报道。除此之外，在报道形式上还有如前所述的连续报道与系列报道。

选择稿件

在各类新闻报道中，除了按照编辑部的部署有计划地进行的报道外，还有大量的对随时发生的新闻的报道。这就要求新闻编辑部门及时地处理新闻信息，在众多的新闻信息中作出抉择，选择符合栏目定位的稿件加以编排处理。对稿件内容的选择，离不开衡量标准。衡量的标准主要有两个：一个是新闻的标准，即新闻是否真实，是否具有新闻价值；一个是社会效果的标准。在新闻传播过程中，被传播的内容不仅有事实信息，而且有观念信息。一般而言，真实的事实信息的传播对社会和人民大众的根本利益都是有利的，但其中也存在着对传播方式与传播时机等从社会效果角度考量的必要。例如，新闻报道中对公民肖像权、隐私权等的保护，对国家机密或企业秘密的依法保护；而观念信息对社会和人民大众的影响则存在着利弊两种可能，因而需要仔细甄别，要注意维护国家、社会和人民的根本利益。此外，在选择稿件的同时，也要兼顾内容的表现形式。要充分发挥广播电视的媒体优势，在其他条件大致相同的情形下，一般应优先选择更有广播电视优势特点的稿件加以传播，以提高信息传播的效果。

修改稿件

修改稿件，是按一定的要求对原稿作必要的订正、增删、润饰的编辑过程。这是提供合乎播出要求的稿件的关键环节，是编辑的经常性工作之一。修改稿件的原因有两个：一个是其本身存在问题，必须订正、修改；另一个则是本身并无问题，但要依据栏目的特殊定位和传播意图的变化作出相应的修改，这称为相对性修改。修改差错有两个方面，一个是订正事实，一个是矫正思想政治差错。订正事实要达到真实、准确、科学、清楚的标准；矫正思想政治差错则要求纠正稿件中在立场、观点、方法上存在的问题，检查有无违反政策、法规和社会规范的地方，以及校正在字里行间直接或间接流露出的错误观念和倾向。特别是涉及政策、法规、外交、民族问题、宗教事务、机密等敏感问题时，要格外重视其在观点、提法乃至叙述表达上的准确性，还要注意表述的情感色彩的倾向性。

修改辞章的工作，是从传播内容方式的角度对稿件所作的修改。它一般包括两个方面：其一是对符号系统传播方式的调整与推敲，包括活动图像、图表、音响、语言、文字、符号、标点等一切表意表情手段；其二是对稿件从整体上加以调整与增删组合，包括压缩、补充和重组。

制作标题

制作标题是编辑从新闻稿件中选择写进标题的内容，确定标题的立场和感情色彩，选择标题的结构和表现手法，完成标题制作的过程。广播新闻中，消息特别是简明新闻、快讯、短讯等，一般不拟标题。其他的广播新闻体裁，标题也要相对简单明了，易听易懂，而不能像报刊标题那样复杂。广播新闻提要往往可部分取代标题的功能。

电视新闻标题与报刊相比，其主要特点是：（1）标题的显示方式不同。消息类新闻的标题一般以伴随图像的方式出现，显现时机、时间长度和显示次数不固定，可前可后，可长可短，根据传播需要而定。非消息类新闻节目的标题则除语言、文字、字形字号、色彩等的运用与报刊相似外，还可利用图像、音乐、音响、特技手法等组合成片头，因而更具有感性的冲击力。（2）标题的写作要求有所不同。消息类新闻的标题由于与图像相伴随，属于信息的并行传播，为避免对其他符号系统产生干扰，一般要限制其复杂程度，不使用辅题，也不占据屏幕的主要位置；非消息类标题虽可使用辅题，但受屏幕空间和传播时间的限定，因而主标题一般相对较简短，甚至只有几个字。（3）作用有所不同。电视新闻的标题除了一般标题共有的提示、评价、吸引、感染等作用外，还兼有以下作用：与其他信息系统相互配合，起对比、强调等作用；以片头方式出现时，起划分节目结构与层次的作用，形成段落；以片头方式出现时，通过重复，起调控节奏的作用。

栏目编排

栏目编排是把经过选择与修改的独立节目、稿件按照一定的传播意图加以组合排序、整合成一档栏目的工作。其具体操作包括审定全部播出节目、稿件，对其中内容相关的稿件和节目进行组合，安排与调整播出顺序，撰写节目提要、开头语、结束语和串联词，选定其中口播部分的背景图像，安排间隔，写栏目播出串联词等。

录制播出

广播电视新闻的播出形式，分为录播和直播两种。所谓录播，就是按照事先编排好的内容先后顺序，加上播音员或主持人的播音与串联，把分散的节目、稿件、音像片断录制合成为完整的一个节目或一次节目的播出带，以备播出。录播节目，编辑要参与录制合成工作，负责监听、监看，指导合成，在录制现场考虑协调画面与解说或前后内容的配合，并负责将完成带送审、送播。

直播导播

新闻节目直播时，在有的组织形式中，编辑还要担任导播，或参与播出操作。在新闻节目直播现场，导播掌握着现场和各工种调度的权力，在其指导下，各部门协同工作，密切配合，共同完成直播工作。

通　联

编辑人员要保持广泛的社会联系，建立并维持广泛的信息网络，为编辑工作提供方便快捷而可靠的信息资源库。为此，要与各信息、稿件来源保持联系，做好群众来信来电来访的处理与接待工作，还要做好栏目、节目信息反馈的收集与整理工作，适时组织受众调查与节目评奖等。

二、节目编辑合成

复习要点提示

- 熟练掌握新闻类节目音像编辑的基本原则。
- 熟练掌握广播新闻编辑手法和技巧。
- 熟练掌握电视新闻编辑手法和技巧。
- 熟练掌握情景再现的概念、特征、使用原则和要求。

音像编辑合成

音像编辑合成是运用电子编辑设备对前期摄录的音响、影像素材进行选择、剪裁、组合等处理，配以解说词、字幕、音响、音乐等制作成一个完整节目的过程。新闻类节目的编辑，根据不同的运作机制，或由摄像师承担，或由编辑承担，或由记者承担，或由其中任意二者共同承担。它需要编辑人员具备对音响、影像的判断处理能力和操作电子编辑设备的技能。现场直播和无剪辑摄录的新闻节目是把摄录和编辑两个步骤合一，没有后期编辑工作。目前大多数非口播广播电视新闻节日都是采用摄录加后期编辑的方式制作的。它把摄录的音像作为“素材”，因而记者在摄录时，应考虑到后期剪辑的需要。对新闻类节目而言，前期采录对节目至关重要，但后期编辑同样重要。后期编辑既是前期节目构思的具体实现，又是在已占有材料的基础上调整与完善前期构思的过程。

新闻类节目音像编辑的基本原则

（1）真实性原则。

真实性原则是一切新闻类节目的基本原则，任何规则、规律的考量都不能作为违背真实性原则的理由。对新闻性节目而言，必须体现内容优先原则。一切传播规律与表现手段，都是为内容传播服务的。

（2）目的性原则。

传播的目的性原则反映的是传播者的意志，是媒介倾向性的体现。新闻信息的传播，在阶级社会中绝非纯客观、中立，而是根据传播者的立场、方针、价值取向所进行的有目的的传播，包含着对传播效果的考量，它必然体现在编辑的选择过程中。

（3）客观性原则。

在新闻性节目的具体叙述段落中，客观对象发展变化的自然顺序是不能随意改变的，随意的改变会将对象改得面目全非。

（4）逻辑性原则。

逻辑是人类在长期实践中形成的把握认识对象关系的思维范式。对以分析、概括等理性整合为节目构成方式的表达形态而言，逻辑性是传达、接受与理解的桥梁。

（5）控制蒙太奇效应原则。

在编辑新闻类节目时，要控制各构成要素结合时可能产生的蒙太奇效应，防止其可能产生的歧义、畸变，以保证信息的准确传达。

（6）兴趣原则。

顺应受众注意力的变化，实际上就是顺应受众的接受心理。影像编辑过程中遵循兴趣的引导，往往是提高传播效果的捷径。

当然，在结构层次上，也可以制造和保持悬念，调动受众的兴趣。

广播新闻编辑手法和技巧

广播新闻编辑手法和技巧指在广播新闻节目编辑、制作、播出过程中，为了取得更好的播出效果而采用的各种编辑技巧。其中最为重要的就是音响的选用与合成。

音响是广播报道的重要组成部分，也是广播报道魅力的来源之一。只有选择那些最能说明、表现主题的音响，并进行合理剪裁，才能确保音响使用的准确到位。使用音响，首先要选择那些为报道体裁所需要、最能表现主题、能正确反映客观事物的本来面日、清晰真实的音响。在合理选择、剪裁音响后，还需要在广播节目编辑中妥善利用音响，使之与解说内容相吻合。一般说来，使用音响有如下方法和技巧：一是在报道中音响应尽量早出，以音响独特的声音形象吸引听众，引起注意，增强报道的生动性；二是在报道中关于主题和事实，能用音响说明的，尽量使用音响，如有可能，解说时最好也有音响作为背景，使报道中的现场音响不中断，声音场面持续相连，形成强烈的现场感；三是根据报道内容的不同，把音响安排在最合适的位置，切实起到表现和烘托主题的作用；四是注意保持音响在报道全篇中的平衡，不要简单集中；五是注意不要滥用音响。音响过多过杂会湮没精彩的典型音响，冲淡主题，减慢节奏。

合成又称为混合录音或合成录音。它是指把两类以上的声音配合录制到一起的工作。经过剪辑后的音响要根据体裁内容的需要，对它们重新安排顺序，重新排列组合，还要与解说衔接，建立新的内容结构。声音合成主要处理方法包括：切换，即将前一种声音结束，然后即刻出现后一声音的组接方法；淡入淡出，一声音的音量由小变大而出，取代前一种声音，再由大变小而没，让位于后一声音内容的衔接方法；混播，即两种不同的声音如解说和音响或两个音响同时播出，分出主次叠放在一起。各种声音混合复制的要求是：各种音响比例合适、层次分明、音量平衡；声音清晰、平衡、丰满、不抖动；复制后不失真，不混入杂音，标准音量时无“沙沙”声；两段音响或音响与解说之间的衔接要自然、和谐，没有复接痕迹。

电视新闻编辑手法和技巧

电视新闻编辑包括影像组接、声音组接、叠加字幕等。

影像组接的基本目的，就是使观众获得正确的理解与判断。影像组接主要有如下常用方法：

（1）合乎接受逻辑。保持镜头间连贯性的基本方式之一是保持时序的连贯，即把动作或事件的演变过程依照时序组接。保持镜头连贯性的另一个基本方式是保持镜头间内容在逻辑上的连贯。

（2）镜头长度恰当。镜头长度的确定，受多种因素的共同制约。首先，镜头长度的处理，要根据镜头内在信息内容的多寡而定。镜头长度的处理，还要顾及影像构成的繁简。另外，镜头长度的处理，还要顾及全片的节奏。

（3）注意轴线规律。所谓轴线规律，是在影像拍摄与编辑中保证同一时空中相邻镜头间空间统一感的一条法则。其基本含义是，拍摄将被组接在一起的同场面同主体的一组镜头的时候，拍摄的总方向应保持在被摄物体前方延伸轴线的同一侧，否则镜头组接在一起时会“跳轴”，造成影像中对象在朝向上的变换，破坏空间统一感，造成理解混乱。

（4）使镜头衔接流畅。为了使镜头自然流畅，就要选择好镜头的编辑点，包括动作编辑点、心理活动编辑点、声音编辑点等。就感性形式而言，镜头可以分成动态与静态两种形式，因而有时可以顺应其形态，在形式上保持视知觉的连贯性。较常规的方法是动接动，静接静。

（5）转场的技巧。转场指不同空间、不同场景的两个镜头之间的衔接方法，包括承续转场、特技转场、声音转场、特写转场等。

电视新闻中的声音包括有声语言和音响、音乐三部分。有声语言部分包括播音播报语言和语言实况音响。对播音播报语言的编辑处理要注意：选择与节目风格相配的人配画外音；仔细处理情绪的起伏与节奏的张弛，与内容相统一、与影像相协调；准确控制与画面及其他传播要素的对位。语言实况音响要求：讲话要简练、通俗、口语化，与讲话人的职业、年龄、身份相适合。在广播电视中，实况音响是客观事实的重要再现形态，具有与画面同等的信息价值。在具体条件下，二者或互补、或主从、或分立，共同完成信息传达的使命。在实况音响的编辑过程中要注意与画面或同步、或对位等不同组合方法的适当使用。

字幕的运用在电视新闻编辑中也占据着重要的地位。字幕根据其与其他图像、声音等节目构成要素关系的不同，有如下一些常见的基本形态：独立型字幕、主导型字幕、辅助型字幕、转译型字幕、表达型字幕、伴随型字幕等。随着现代化电子技术手段的不断进步，字幕文字在形式上可以说花样繁多，并成为节目包装的重要手段之一。然而，在这些手段的应用上，一定要掌握内容与形式统一的原则，注意并正确处理字体选用与安排、字幕与图案和画面的搭配及布局、字幕与画面的色彩和谐、字幕与节目情调和节目整体风格的统一等，努力做到各要素的优化组合，统一于传播目的的根本需要。同时，还要注意文字的书写必须规范化、大众化，杜绝错别字、杜撰字和怪异难辨字的出现。

情景再现

情景再现是指在电视新闻、电视纪录片等电视纪实节目的创作中，在现场影像资料缺失的条件下，通过“人物扮演”或“场景搬演”的方式，模拟拍摄事件的事发现场或过程的一种技法。情景再现最初出现在电视纪录片创作中，近年在电视新闻中也频繁使用，已经成为电视新闻节目的重要辅助手段。

电视新闻中的情景再现具有如下特征：一是再现的“情景”来源于真实事件的核心事实，通常与新闻事件的真实现场片段结合使用，给观众带来比较完整的真实体验。二是“再现”是一种艺术加工，其方式、方法难以避免创作者的主观因素和个人偏好。

情景再现可以充分发挥电视传播优势，提升观众收视体验。在关键现场影像缺失的情况下，通过现场还原、细节再现等内容，可以丰富镜头语言，挖掘新闻内涵，增强影像感染力，充分发挥电视媒体形象生动的优势；通过过程还原、悬念设置、氛围营造等手法，可以补足叙事缺失环节，展示事实的完整性，强化新闻报道的故事性，从而更好地满足观众的收视期待。

对“情景再现”是否满足新闻真实性的要求，存在一定的争议。情景再现对事实经过了艺术化的加工，带有创作者的主观色彩，因此作为一种辅助手段，在电视新闻中要谨慎、适度、有限地使用，避免滥用和泛用，要遵循如下原则和要求：

情景再现必须以事实为基础。不能无中生有、完全想象虚构；也不能为了表达戏剧性效果、追求故事化而扭曲事实。

把握使用范围，做到少而精。注意控制时间长度，不能喧宾夺主，超过纪实内容的篇幅；控制使用对象，动态消息等硬新闻通常不用情景再现，故事化的新闻专题可根据需要适量使用。同时，注重人性关怀，避免悲剧场景、灾难场景的再现，否则容易造成对新闻当事人或其他相关人的“二次伤害”。

情景再现的内容一定要用字幕、解说或视听手段明确告知观众，以避免真假误认与混淆。视听手段主要是指坚持“宜虚不宜实”的原则，对情景再现进行象征性处理，刻意留下“摆拍”痕迹，对场景进行虚化表现，弱化与被表现对象间的物理相似性，以方便观众辨认和区分。主要方法包括：不出现台词；避免真人实景，不轻易用表演者实实在在的正面近景，巧用侧影、光影、动作；改变画质效果和画面色彩等。

三、广播电视新闻节目编排

复习要点提示

- 熟悉栏目编排思想确定的制约因素。
- 熟练掌握广播电视新闻节目的编排技巧。

栏目编排思想

栏目编排思想是操作一个栏目日常表现状态的内在指导。栏目编排的出发点是建立在对整个社会状况及其发展趋势的正确把握基础上的，此外还要受到媒介自身的传播理念、栏目定位和对受众收听收视心理的把握等诸多因素的制约。栏目编排思想的确定要注意以下几点：

第一，要具有良好的大局观，能够站在时代的高度和人民大众的立场给予具体新闻以准确的社会传播价值定位，并据以编排新闻节目。新闻所报道的，往往是一个个具体的社会生活最新变化之片断，如果脱离了其发展状况和趋势的大背景，事实的价值定位就难以准确。只有以良好的大局观为指导，才能不仅在具体事实层面，而且在整体上反映社会发展变化或栏目具体报道领域的最新事实及其趋势，使栏目的报道既重点突出、个性鲜明，又恰如其分、准确可靠。要准确把握全局，除了对社会现实状况有全面的了解外，还要了解党和政府的大政方针和各项具体政策。

良好的大局观，具体表现在对栏目编辑方针和报道思想的制定落实上，而其实现的重要环节之一，就是在日常编排工作中的具体落实。

第二，要遵循新闻节目编排制作的内在规律，编排一次新闻节目要有重点、有目的性，要研究新闻的配置和优化组合，要注意新闻之间的内在联系，充分挖掘其蕴含着的新闻价值，从而达到最佳传播效果。节目观念中的重要一点是要考虑不同新闻性节目的个性。新闻节目的编排次序不可能是固定不变的，不同节目因节目定位、受众对象的范围、播出时段等的不同，其新闻的编排次序和传播风格也要各具特色。

第三，要尊重并善于利用受众接收信息的生理、心理特点和习惯，以提高传播效果。广播电视是以线性方式传播的，因而接收的准备状态对传播效果会产生相当的影响。要使受众有较高的关注水平，并对节目内容从无意注意状态转到有意注意状态，节目编排顺序起着重要的作用。要调动起受众的收视兴趣，在新闻编排顺序上就要综合考虑新闻价值的大小和对观众吸引力的大小。

新闻编排技巧

广播电视新闻节目的编排既包括新闻选择、分类及编辑、串联，也包括新闻栏目设置、栏目之间的组合等。节目编排的常见技巧包括：

（1）突出重点。任何新闻机构都把精心选择头条新闻作为新闻编排的重点，以时间顺序为传播形式的广播电视新闻，突出重点的最重要的方法便是选择好头条新闻。突出重点还可以体现在一次新闻节目中重点新闻的“量”上，往往围绕一个主题，选择不同角度的新闻编排组合，以形成一定的舆论声势。不过在使用时要把握好“度”，避免造成“疲劳轰炸”式的传播，反而降低传播效果。另外，突出重点的方法还有直播报道，即时访谈和组合报道：直播报道是与在新闻现场的记者或其他人员直接联系的报道方式；即时访谈一般是在演播室就某一新闻内容进行访问或评议谈话。这几种形式都有实现的难度，另外也加长了报道篇幅，所以它们无论在节目的什么段落上都能提示其重要性，引起关注。

（2）优化组合。优化组合是提高传播效果最常用的方法。编排时要通过将不同节目合理巧妙地组合，使其在整体传播效果上超过单条新闻传播效果之和。在编排组合时较常使用的方法有关联组合、专栏集纳与稿件配合。① 关联组合。关联组合是把在内容方面有某种联系或相似性的新闻节目组成节目群，以形成整体传播强势，并可产生互动效果。其具体组合方式主要有：同事件组合、相关内容组合；② 专栏集纳。专栏是在栏目当中再分出来的专门传播特定主题或特定节目形式的单位，又称作子栏目。它在一定的期间内重复出现，有自己的以专用音乐、音像、字幕等形式制作的栏标，每次播出一个或一个以上与专栏定位相吻合的节目；③ 稿件配合。稿件配合是为了便于受众理解某则新闻报道而配合编发的相关事实信息或观念信息，其中包括通常所说的配资料和配评论，也有多条新闻稿件的配合。这种方法现在也被称为综合报道。

（3）巧妙安排结构。新闻编排要遵循三个重要概念：峰谷、节奏、分段。所谓峰谷技巧是保持受众兴趣高峰状态的方法。要求对能引发受众兴趣的节目分散安排，有意搭配不同体裁、形式的内容和有趣与无趣新闻，以减轻观众的疲劳感和厌烦情绪。节奏意味着节目流的起伏和变化周期，即节目在内容和形式上的改变与重复。节目长短、简繁、迟速、庄谐、不同形式等诸多因素，都应加以通盘考虑，合理搭配，使节目张弛自如、徐疾有度、不滞不泄，合乎受众的接受心理节奏。分段就是用广告或其他区隔方法将一档新闻栏目分成几个部分。

（4）使节目起承转合流畅自然。一般新闻栏目的起承转合有各种方法，如栏标、标题、广告、音乐、片花、结尾等，包括节目间直接的呼应连接等，应根据具体情况灵活运用。其中最直接的方式，是以语言为媒介的起承转合，即通常所说的节目提要、按语和串联词。

（5）保持风格的统一。力求节目风格上有一个整体的基调。整体基调的确定以栏目的基本风格定位与栏目中重点新闻的基调为基础。

第四部分

广播电视评论

一、新闻评论的特点与功能

复习要点提示

- 熟练掌握新闻评论的概念、特点和功能。
- 熟练掌握广播电视新闻评论的特点。

新闻评论

新闻评论是针对现实生活中新近发生的具有普遍意义的新闻事件、迫切需要解决的社会问题或公众广泛关注的社会话题发表议论、作出分析、讲明道理、直接发表意见的文体或节目样式。新闻评论反映客观事物的方法是比较概括和抽象的，主要通过分析说理的方法，从理论、政治、政策和思想上去启发和引导受众。随着新闻事业的发展，新闻评论已经成为包括通讯社、广播、电视在内各类媒体进行新闻传播活动不可缺少的重要体裁，在舆论引导工作中得到越来越广泛的运用。

作为新闻宣传的两种重要手段之一，新闻报道是新闻宣传的主体和基础，新闻评论是新闻宣传的旗帜和灵魂。两者相互配合，不可或缺。但它们在新闻传播活动中体现出不同的特点：首先是传播内容不同。新闻报道是对于新近发生的客观事实的报道，已经或正在发生的具有新闻价值的事实是其传播的主要内容。新闻评论以客观事实为依据，在对客观事物进行分析议论的基础上得出的意见和观点是其传播的主要内容。其次是传播目的不同。新闻报道以传播事实性信息为主，满足受众知晓与了解客观事物的需要，即以满足受众对事实性信息的知晓权为目的；新闻评论以传播意见性信息为主，通过对新闻事实的分析议论，提供或阐发某种意见和观点，满足受众思考与认识客观事物的需求，即以满足公众对意见性信息的知晓权以及话语权为目的。再次是传播方式不同。新闻报道强调“用事实说话”，以客观叙述、描写等方式进行报道，基本上不直接发表议论；新闻评论讲求“直抒胸臆”，以判断、评价、分析、议论等方式直接对客观事物表明态度和看法。

新闻评论对新闻报道的重要事件或重大问题进行分析议论，可以明确地指出新闻报道的思想政治意义，深化报道的主题，进而全面、准确地宣传党的路线、方针、政策。有的评论还可以根据新闻报道中提供的事实，从某个侧面或角度，借题发挥，提出一些引人深思的问题，启发受众。所以，和新闻报道比较，新闻评论的宣传应该更全面，站得更高，看得更远。

新闻评论的特点

新闻评论体现出强烈的新闻性，这是新闻评论的首要特征，是由新闻传播工具的性质所决定的，也是新闻评论同一般议论文的重要区别。新闻事实是消息、通讯等新闻报道类体裁的本源，也同样是新闻评论类体裁的本源。新近发生、客观存在的新闻事件和社会现象，是新闻评论分析议论的对象和依据；及时地、有针对性地对某个重要事件或迫切需要解决的问题发言，是新闻评论的任务所在。

新闻评论的新闻性首先体现在时效性上。随着传播媒介的发展和传播技术的更新，新闻评论也像新闻报道一样越来越重视时效性，一些刚刚发生的新闻事件立刻可以成为新闻评论议论的焦点；新闻性还体现在明显的新鲜性上。新闻评论往往以一个具体而新鲜的新闻事件或社会现象为分析议论的着眼点和突破口，或依据报道进行评论，或既报道事实又进行分析，使论题紧扣新闻事实，使新闻事实直接融入评论之中。

新闻评论还具备鲜明的政治性。新闻宣传总要反映一定的观点和倾向，代表一定的阶级、政党或政治集团的利益。新闻评论的政治性，主要表现在它针对那些具有政治意义的问题发言，围绕重要的政治事件以及在贯彻执行党的政策过程中的各种问题，进行实事求是的分析，阐明党的立场和主张。新闻评论写作的主要目的是对事实进行分析、议论，而这种分析与议论，更多的是从政治方面、思想方面及道德伦理方面着眼，因而也更具导向性。

新闻评论具有广泛的群众性。新闻评论是所有论说性文体中最富群众性的一类体裁。首先从新闻评论的作者和读者（听众、观众）的角度来看，新闻评论的体裁样式多种多样，既有直接借助媒介编辑部的社论、评论员文章等的主体评论，也有直接出自普通受众之手的小言论。其次，新闻评论还是所有论说性体裁中受众最为广泛的一种。广播电视评论几乎不受文化程度的限制，拥有比任何论说性体裁更为广泛的受众。再次，从新闻评论的写作与制作角度来看，新闻评论的选题大多是众所关注的事件或众所关心的话题；其议论，大多借助着广大群众的态度、看法和见解；其结构，大多顺应事物发展的内在规律和群众认识问题的思维规律；其语言，大多来自群众，为群众喜闻乐见，因而更加易读、易听、易懂。随着媒介竞争的日趋激烈，新闻评论的群众性特征将更加明显。

作为议论文的一种，新闻评论天生具备显著的论理性。新闻评论以传播意见性信息为最终目的，往往在客观报道的基础上，以直接的或间接的方式进行必要的分析与议论，呈现出“直抒己见”的论理性特色。在分析议论时，注重论据与论点的统一，帮助受众在了解事实的基础上理解事实，在思想认识上有所启发或提高。

新闻评论还须具备必要的前瞻性。新闻评论的写作不仅要对已经或正在发生的事实进行分析，而且应该联系事物产生的背景和发展的过程，剖析其根源，预测其发展趋势和可能出现的结果。新闻评论源于事实，但应高于事实；源于报道，但应高于报道。如果失去了对客观事物应有的前瞻性分析，而仅仅停留于“事后诸葛亮”，新闻评论的价值将大打折扣。

总之，新闻评论是新闻性、政治性、群众性、思想性、论理性与前瞻性的统一。无论何种媒介的新闻评论，都应具备这些共同的特征。

新闻评论的功能

作为大众传播媒介的一种直接发言方式，作为各种意见性信息的承载与传播方式，新闻评论在反映舆论、组织舆论、引导舆论和进行舆论监督方面有着与新闻报道不同的特殊功能，具体表现为解释功能、表态功能、深化功能、引导功能和协调功能。

在复杂的变革面前，有许多新的政策措施需要进行解释，有许多新的社会现象需要进行分析，人们思想上出现的新的矛盾和疑虑需要进行化解，这些都是新闻评论解释功能的重要方面。新闻评论可以解释政策措施，对党和政府各项新的方针政策的提出、各种新的措施办法的出台和各类新的法律法规的施行进行必要的解释和宣传，以利于人们了解和理解，提高他们贯彻执行的自觉性；还可以分析社会现象，对一些具有普遍性、借助性的社会现象进行及时的捕捉和必要的解释与分析，以提高人们的认识和识别能力；同时还应注意帮助人们在思想上释疑解惑。

新闻评论作为各类大众传播媒介的旗帜和灵魂，经常针对国内外的重大事件或重要问题表示态度、申明主张。它既可以帮助党和政府表明对一些原则问题的立场和态度，也可以代表媒介发表对典型的新闻事件或社会现象的看法和见解，还可以代表舆论表达公众对某一事物或问题的意见和倾向。

通过新闻评论，新闻报道的内容得到进一步深化，规律和问题得到进一步揭示。新闻评论所涉及的事实或现象，一般都较为具体，通过评论，把人们对具体事件的了解上升为理性的思考，发掘其蕴含的普遍意义和社会价值；新闻评论还帮助受众在了解新闻事件或社会现象基本状况的基础上，了解其产生原因、发展趋势和可能出现的后果，透过表面，洞察本质，让广大受众既知其然，也知其所以然；新闻评论还可以帮助受众在了解具体新闻事件的基础上，看到与其他新闻事件之间的联系，在把握普遍联系的基础上，认识事物发展变化的规律。

新闻评论是媒介对社会进行控制和引导的一种有效的手段，故引导也是新闻评论的一种重要的功能。这种引导具体表现为引导社会舆论、引导实际工作、引导社会生活、引导受众思想。“舆论导向正确，是党和人民之福；舆论导向错误，是党和人民之祸”，评论就是通过源于事实的舆论进行直接的引导。

新闻评论在反映、组织、引导舆论的过程中还可以适当地调节舆论温度，给“热点”吹一些清醒的“冷风”，使其不要成为“沸点”；给“冰点”加一加温，使其不要被舆论所遗忘。在传播与反馈的过程中可以逐步地平衡社会心态，在配合新闻报道的过程中可以有效地协调信息的内容和流量，避免不必要的偏差或误解。

广播电视新闻评论的特点

与其他媒介的评论相比，广播电视新闻评论的特点与媒体自身传播特点紧密相关。由于传播速度快，节目制作工序较少，流程较短，因而对于新闻事件（特别是突发性事件）的反应速度很快。近几年来，现场直播的广播电视新闻节目越来越多，质量也越来越高。在现场直播过程中穿插主持人（或记者）的即席点评或口播预先准备好的评论，可以称之为最具时效性的评论节目，是印刷媒介所无法相比的。广播电视评论是用声、像符号传播内容的评论，这类符号的传播具有线性传播的共同弱点：稍纵即逝，不易留存，因此须在“浅”字上下工夫。一般情况下，“浅”表现为语言的通俗化、口语化，“浅”同时还应表现为能把政论性的内容及较为深刻的道理，运用受众容易产生兴趣的材料、容易接受的方式加以表述，既能深入，也能浅出。

平易亲切是广播电视评论另一个基本特征和基本要求。要想使广播评论平易亲切，首先应正确处理传者与受者的关系。作为传播媒介，把自己与听众摆在平等的位置上，平等交流、平等地分析问题和探讨问题是“平易”的第一层含义；“平易”的第二层含义是吸引广大受众直接参与评论，让受众在广播评论中直接发言，这种参与使广播评论更具群众性和群言性特色，评论内容也更容易为听众所理解和接受。尤其在谈话和述评体节目中，广播电视评论的论点不仅仅由主持人或记者一个人说出，而是融汇了包括普通百姓、各界人士、专家权威以及有关领导等各方面的观点和见解，并由主持人或记者作必要的点拨、提炼或补充而成。

与其他媒介的评论相比，广播电视新闻评论更加生动。声音和图像所包含的信息种类和信息含量是相当丰富的，不仅可以交代背景、再现时空、营造气氛，而且可以叙述事实、评价议论。传播符号的多样性和感知的多面性，可以使受众有一种身临其境之感，使广播电视评论具有其他评论形式所没有的现场感、真实性和说服力。

除了上述特点，电视评论还有自身独具的一些特点，主要是将抽象的论述性语言与形象的画面语言相结合，用具体的视听形象支撑说理，并强化说理的内容，烘托评论的感情色彩，使其具有在道理上说服人、在画面上感染人、在感情上打动人的综合特征。

二、新闻评论的说理

复习要点提示

- 掌握新闻评论的三要素。
- 熟练掌握广播电视新闻评论的说理方式。

论　点

所谓“论点”，是指对评论的看法、见解、观点、主张的高度概括或提炼。

好的论点，是评论的筋骨和脊梁，是文章（或节目）的灵魂和主旨。一般来说，评论的论点有以下几个基本的要求：在大众传播媒介上发表的评论，其观点的正确是首要的要求。这种正确性，体现在能够正确地理解和传达党和政府的方针、政策、决定和精神，正确地领会和解释法律、法规、措施和办法。它还体现在能够坚持实事求是，运用马克思主义的世界观和方法论分析事物和研究问题，并得出科学的、正确的结论；其次要求立论的鲜明与论点的明了，这是同一问题的不同表现形式，其中，论点的明了更多地是指评论总论点和分论点的清晰明确；另外，新闻评论要想吸引人，论点的新鲜独到非常重要。从某种意义上说，论点的独到，是体现评论个性特征的重要标志；再者，无论多长篇幅（或时间）的评论节目，其容量都是有限的。对于以线性传播为主要特点的广播电视评论来说，更不宜把议论的口子开得太大。也就是说，论点的集中，是各类评论的共同要求。

论　据

所谓“论据”，是指用来说明或证明论点的材料。它可以放在评论的开头部分，作为挑开话题、引发议论的引子，这类论据，一般称之为“由头”。它可以作为形成或佐证论点的根据，使分析议论有所依托。同时，生动、典型的论据，还可以起到感情发酵素的作用，使评论的议论和见解有情理交融的诱发物和支撑点。

评论的论据有多种，但按各种材料的性质来分，主要可归为两类：一类为理论性论据，这是人类认识自然、认识社会的结晶，是一种经过实践检验或理论证明，并被人们所广泛接受的规律性认识的总称。它可以是先哲或经典作家们的言论或观点，可以是被科学证明了的公理或定律，也可以是代表人类文化遗产的格言、成语或谚语、民谣等；另一类为事实性论据，是所有用来说明或证明论点的具体的事实性材料的总称。它可以是从现实生活中直接采集的事实，也可以是源于客观事实的概括性材料，可以是记录过去历史的资料性事实，也可以是由事实中抽象和概括出来的统计数字和图表等。

新闻评论的论据应注意以下几点：一是论据要真实。引用的理论性论据应确凿无误，引用的事实性论据应真实可靠，否则会影响评论的真实性和可信性。随意杜撰论据等做法，更是不能允许的；二是论据要精当。应选择那些最具典型性，最能说明问题、证明论点的事实作论据。同时，尽量选择那些事实清晰、情节简单、能运用精炼的语言概括的事例或现象作论据；三是论据要新鲜。或者是新近发生，或者是新近发现，或者是新鲜有趣。应该选择那些容易引起受众兴趣、容易引发议论和联想的事实或材料作论据。

论　证

所谓“论证”，是指运用论据说明或印证论点的过程和方式、方法。新闻评论写作或制作过程的主要任务和中心环节，就是分析与论证。在这个过程中，借助于论据的提出和对论据的分析、议论，将事与理、虚与实、点与面、破与立有机地结合起来，最终提出结论或意见、建议。

一般来说，新闻评论的论证方法，即论点与论据的结合方法主要包括：据事说理，即依托一定的事实材料引发议论、说明或证明论点。对比说理，即通过同一事物今与昔前后变化的对照或不同事物正与反、好与坏、成与败、得与失的对比，显示事物的是非曲直，表明媒介或作者的意向和看法，提供给受众更宽广的思维空间和更深入的思考余地。论辩说理，即通过不同意见的论辩或争鸣，达到辨正然否的目的。虽然观点出自不同人之口，但最终是通过评论者一人之口说出。通过不同观点的争鸣与碰撞，可以激活人们的思维，开启人们的思路，触发人们的联想，同时调动人们收听收看评论性节目的兴趣和参与感。算账说理，通过数据的引用和对数据的推演换算，在议论过程中化抽象为具体，化枯燥为生动，使评论具有更强的逻辑力量和可信性。

据事说理

据事说理，也就是人们常说的摆事实讲道理。这是新闻评论常用的一种说理方法。从事与理的关系而言，事实正是说理的依托、由头或论据，说理则是由事实的现象，感觉到本质、理性的开掘、分析、推理、引申和发挥。这种说理方法的好处在于理从事出，虚实结合，使评论文章增添理论色彩，避免空泛议论或就事论事。实践表明，事实和道理的有机结合，正是写作新闻评论也是增强评论说服力的一项基本原则、要求和方法。大凡两者结合得好，就有说服力，反之，两者结合得不好甚至割裂开来，那就势必削弱以至丧失说服力。

据事说理的事实材料包括新闻事实、具有新闻性的典型事例、史实性材料以及知识性材料等。它们的共同要求：一是客观存在的人和事，且具有一定的新闻价值；二是具有准确性和典型性；三是能够启发人们思考或引发人们兴趣。

据事说理的方法分为：依托式。就是依据新闻报道所提供的新闻事实作为现成的立论和说理的由头和论据，据此进行说理分析，讲清道理，从而深化报道思想，增强思想性和引导功能；输入新闻事例。直接输入作者自己所见所闻的新闻性事实材料于新闻评论之中，并以此为由头和论据，从中引发议论，进而印证和说明论点；夹叙夹议的事理糅合艺术。恰当地运用夹糅的方式方法，将具体的事实和抽象的议论按文章逻辑的层次，通过叙议表达手段有机地联系和糅合起来，不仅让受众获知结论，了解众多的信息，还便于让受众明白结论是怎样引发出来的，又是怎样逐步深化的。

对比说理

对比说理，就是通过两种或两种以上事物的比较分析来论证论点，就是运用马克思列宁主义的辩证分析方法从事物的普遍联系、发展变化和对立统一中去正确理解和揭示事物本质的一种说理论述方法。

比较说理的具体方法有：纵横比较、对比和类比等。

纵横比较法就是纵横联系和比较的分析方法，也就是从时间和空间上历史地全面地来认识客观现实，发现客观事物的内部联系的科学的分析方法。纵向比较是以事物发展的不同历史阶段的联系和比较，从而揭示事物所处的历史地位以及它的本质意义和发展趋势；横向比较是以此事物与彼事物、个别事物与一般事物之间的比较，它是识别是非优劣、论证论点和揭露或分析现实事物之间的矛盾的一种有效的说理方法。在实践中，横向比较经常和纵向比较相互结合起来运用，从而达到相辅而行、相得益彰的效果。

对比法将相反、相对的两种事物、两种人物、两种见解、两种做法或同一客观事物的相反、相对的两个方面放在一起进行论述，以形成是非得失的对照和高低优劣的反衬，进而在相互联系和比较中展开由表及里、有破有立的分析说理。它的优势和效能突出表现在显示赞誉价值，强化针砭效应，明辨是非利弊，增强说理论述的鲜明效应上。

类比的方法就是将有相似特点的事物放在一起比较，从而将它们的共同点突出而又机智地显示出来。如果说对比旨在将性质各异的客体放在一起对照，以形成是非得失的鲜明反差，侧重于求异，那么，类比则是重在对形式各异、性质类似的事物间的有机联系和分析比较，以显示其相似之处，侧重于求同。

三、广播电视评论类型

复习要点提示

- 掌握广播电视评论类型。
- 掌握新闻述评、谈话类评论的特点。

本台评论

本台评论相当于报纸上的社论。这种体裁、样式的评论是包括报刊、通讯社、广播电台、电视台在内的各种大众传播媒介中规格最高、最具权威性的评论形式。多年担任人民日报总编辑的邓拓同志在他1955年写的《关于报纸的社论》一文中指出："社论是表明报纸政治面目的旗帜，报纸必须有了社论才具有完全的政治价值"。本台评论直接代表媒介编辑部就当前重大事件、重大典型或重大问题发言，具有鲜明的针对性、政策性和指导性。

本台评论的重要地位和作用，表现在它是代表媒介编辑部的最重要、最具权威性的评论形式；其次表现在它一般是针对当前的重大事件、重大典型或重大问题发言，具有很强的政策性和指导性。

与报纸的社论相同，广播电视中的本台评论也要求既有权威性、政策性、指导性，又面向广大受众，为他们所易听、易受；同时还需要考虑广播电视传播的特点，力求简练、通俗、生动。

本台短评

短评是一种篇幅短小、内容单一、分析扼要、使用灵活的编辑部评论，其规格介于评论员文章和编者按语之间。一般情况下，短评经常以配合新闻报道的形式出现。与评论员文章不同的是，它的篇幅更为短小，论题更为集中，分析更为扼要，在使用上也更为灵活。作为编辑部评论中最轻便、灵活的一种，短评也有着自己的生存与发展空间。广播电视的本台短评与报纸上的短评一样，要求短——短小精悍；新——新鲜独到；活——生动活泼；深——就实务虚。此外还应兼顾广播电视自身的特色，在写作和播报方式上更为简捷、通俗，符合口语化的特征，能够朗朗上口。

编后话

编后话是报纸上编者按语中的编后在广播电视中的具体应用，是依附于新闻报道的一种画龙点睛式的简短的编者评论。编后话置于报道末尾，旨在归纳、引申、深化、生发，它是各类新闻评论体裁中最富依附性的一种，离开了所依托的报道，就失去了其存在的意义。编后话不仅要对报道中的事实提出看法、作出分析，而且可以抒情、联想和借题发挥。作为一种最为便捷的评论形式，编后话既源于报道又高于报道，力求对报道有所补充和深化。它可以迅速对新闻事实作出反应，具有很强的时效性和灵活性，言简意赅，点到为止，明快犀利，讲求分寸。

对于一个节目，编后话一般可以起到以下四个方面的作用：一为提示说明。由于新闻报道的形式和内容所限，无法在报道中对很多相关的材料加以说明和解释，编者按语可以起到包括导听、导视、导读在内的吸引、解释与说明等作用；二为评价表态。对于那些需要借助舆论力量予以针砭或弘扬的事物及现象，编者按语可以直截了当地加以评价表态，起到明确是非、扶正祛邪的作用；三为提醒建议。对于那些虽未造成影响、产生后果的不良现象或潜在问题，对那些尚未引起应有关注的新生事物或新鲜做法，编者按语可以通过及时的提醒建议，以唤起全社会的关注；四为强调补充。

新闻述评

新闻述评是新闻领域中的一种边缘体裁，以融新闻和评论于一体为基本特点，既报道事实，又对新闻事实作出必要的分析和评价，有述有评，评述结合。新闻述评与新闻综述不同，新闻综述虽然在形式上接近于述评，但它是以向受众告知新闻事实为目的，主要特点在于对某些重要事件、重点工作或一个时期的形势进行综合性的叙述。新闻述评则属于新闻评论的范畴，它主要通过评述结合的方式，表明作者的立场和主张，从述评的篇幅来看，述往往多于评，但它的重点在于评，目的是为了评，述是为评服务的。

新闻述评的基本特点具体表现为：

评述结合，以评为本。新闻述评集新闻报道和新闻评论的职能于一身，既要及时报道新闻事实，反映现实生活的发展变化，又要揭示新闻事实的本质和意义，指明事物的发展趋势。新闻报道主要是报道事实，让受众从客观事实中得出结论；述评则是叙事说理兼而有之，使受众既可以得到必要的信息，又可以了解作者对这些新闻事实所具有的探讨。述评作为一种具有独特个性的新闻评论体裁，一般都要对新闻事实进行比较全面的，有时是多方面的介绍，包括典型的具体事实、概括的情况以及必要的背景材料等，在叙述事实的同时进行议论。评述结合并不意味着评和述在篇幅或比重上相等，它主要表现在述评兼有新闻报道和新闻评论的特点，具备两者的功能。同时它又是以评为主的。

述中有评，评中有述。述评以事实为基础。这些事实来自实际生活，反映实际生活。述评的评，或者说它所讲的道理，就是在对这些事实进行分析的过程中加以阐明。述和评的有机结合，体现了由个别到一般、由具体到抽象、由感性到理性的认识规律，容易被人们所理解。述评的评，是为了弄清客观事物的本质和它所包含的带有普遍性的新经验、新问题，而不是就事论事。

由述而评，以评驭述。从述评的篇幅看，往往述多于评，但它的重点在于评，目的是为了评。也可以说，述是为评服务的，述是评的依据，评是述的归宿。这也正是述评作为新闻评论体裁的内在根据。

新闻述评既要摆事实，又要讲道理。它所讲的道理，是作者通过对大量新闻事实进行分析而得出的结论。因此，述评更注重材料和观点的统一。

述评的应用范围十分广泛，选题也涉及社会生活的各个领域，大致可以分为工作述评、形势述评、事件述评和思想述评。

作为新闻评论的一种形式，新闻述评写作有它自身的一些独特要求：

首先是选材精当，立意新颖。述评离不开新闻事实，应以事实为主体。只有尊重和依据客观事实，道理才能讲得好。述评的事实要充分、典型、足以说明问题；同时，述评所评述的内容应是社会生活中的新事物、新情况、新经验、新问题，这才能使述评有新颖的立意，才能使受众有新鲜的感觉，并从中得到教益。

其次是即事明理，重在分析。述评以事实为基础，它通过新闻事实和对新闻事实的分析评价，提出问题和解决问题，只有对新闻事实作出入情入理的分析，才能给受众以启迪，令人信服。

再次是夹叙夹议，事理交融。叙就是叙述新闻事实和有关的材料，议就是对新闻事实进行分析议论。夹叙夹议就是把叙述和议论，把具体的事实和抽象的道理，围绕文章的中心思想，有机地结合起来，水乳交融，浑然一体，符合人们的认识规律。叙述和议论在一篇述评中要成为一个有机的整体。

这里特别要提到电视述评，它是述评在电视上的具体运用。它综合运用画面、音响、屏幕文字和解说、论述性语言以表情达意、叙事分析，是表现手段最为丰富的述评，也是最能体现电视传播特点、发挥电视传播优势的电视评论形式。

目前，我国电视述评在表现形式上已经形成较为成熟的基本形态，即以新闻事件或社会现象等为报道、评析的对象，以画面、音响为主要的表现手段，以字幕为辅助手法，以记者（或主持人）的解说、评析为主线，按照事物发展的逻辑顺序和人们分析、认识事物的逻辑规律，将权威人士、专家学者及各界群众的分析议论加以恰当的剪辑组织，在节目结尾处予以画龙点睛式的点评或提炼，使节目视听结合，事理融合，使受众获得事实性与意见性信息的双重满足。

电视述评涉及的范围相当广泛，包括政治、思想、经济、文化、外交等各个领域。其表现形式也多种多样，包括调查性、解释性、分析性、论辩性等。此外，述评中所报道与分析的对象，可以是具体的新闻事件、普遍的社会现象、典型的新闻人物、人们的思想观念或政治、经济及国际形势等。

谈话类评论

指说、听双方处于平等交流的位置，以谈话的方式展开的新闻评论。谈话最接近人际交流的传播方式，在谈话类评论节目中，形成了类似直接交换意见、商讨问题的说理氛围，带有谈话式“类交流”的特点，具有双向色彩，可以唤起受众的参与感，促使受众进入主动收听（看）、主动思考的状态。同时，多种意见的交流与探讨，增强了信息的含量，也开阔了人们的思路。

谈话类评论一般分为漫谈式谈话节目、对话式谈话节目、讨论式谈话节目和现场参与式谈话节目。漫谈式谈话节目是指传播者个人既把听众作为收听者，又作为对话、交谈者，通过对节目中语气、语态的修饰，营造一种与听众进行拟态交流的氛围。

对话式谈话评论节目变一人播报为两人对播，或采用访谈的形式，它不仅可以消除一人口播的单调感，而且通过一问一答，探讨切磋、关照呼应等方式，使谈话形成交流和互动，不仅可以活跃评论的气氛，而且可以调动听众的思维，使其置身于对话与交流之中，通过谈话的逐层深入，听众自然而然地进入交流的情境之中，并自然而然地了解评论的主旨和意图。

讨论式谈话评论是指由主持人主持、由特邀嘉宾和演播室受众直接参与、就新闻事件或社会生活中群众关心及感兴趣的话题展开讨论或争鸣的评论形式，国外将这类节目称为“脱口秀”。对于节目谈话过程的直接参与，使节目人际交流的特点更为显著、范围更为扩大，使节目的现场感与参与感大幅度增强。

要办好谈话类评论节目，需注意以下四方面的问题：一是选择受众普遍关心的新闻事件或社会话题；二是选择具有较强的现场组织、协调能力、机敏、干练的合适的节目主持人；三是选择有借助性且具有较强口头表达能力的“意见领袖”式的嘉宾以及现场观众；四是善于运用播放有关录像带和现场音乐演奏等方式掌握谈话节奏，营造轻松、自然、和谐的现场气氛。其中，主持人的选择在这类节目中居于相当重要的位置，并直接影响节目的质量和传播的效果。

舆论监督节目

舆论监督节目是指广播电视媒体作为党和人民的喉舌，为维护国家和人民群众的利益而对包括国家机关、社会组织、各类团体和公民个人在内的社会成员、社会机构及其社会行为所进行的报道和评论。它是广播电视媒体开展舆论监督的基本形式，是这一类题材节目的统称，而非某种固定节目体裁，因此在表现形式上具有多样性。

在我国，舆论监督作为和法制监督、组织监督、群众监督并行的社会监督机制，由新闻媒体代行。舆论监督的目的在于维护社会正义、消除社会阴暗、规范社会秩序、修正社会认知、改善社会风气、提高道德水平、形成正确的社会舆论，直至制定形成相应的社会规范。它所代表的是广大人民群众最根本的利益，它所表达的是广大人民群众的声音，它所报道和评论的是和广大人民群众生存、发展密切相关的内容和领域，因此它也受到了广大人民群众的欢迎和支持。开展舆论监督，有利于发扬社会主义民主，提高群众参与社会事务的热情；有利于防止公共权力的滥用，避免社会资源的浪费，维护社会各成员的合法权益；有利于宣传社会基本道德规范，改善社会风气，提高社会道德水平；有利于弘扬正气，倡导先进，为我国和谐社会建设及现代化建设创造良好的社会舆论环境。

舆论监督具有广泛性，它监督的范围遍及社会生活各个领域，监督的参与者不仅有新闻工作者，人民群众也积极投身其中，提供线索、发表意见，使得舆论监督具有其他监督形式不可比拟的广泛性。舆论监督动作迅速，通过媒体的活动可以及时发现、反映问题，并迅速向社会传播，确保公众和社会组织在第一时间掌握相关信息。新闻媒体通过自己的报道活动还可以及时反映社会公众对所报道问题的意见，形成信息的交流，促进问题的尽快解决。舆论监督是公开的，通过新闻媒体的活动，把所要监督的对象以报道、评论的方式向社会公布，吸引社会的注意，引起社会的讨论，其过程、内容和细节完全处于公众的掌控之下，从而得以建立有效的社会监督。

新闻媒体开展舆论监督，最常用的形式是新闻批评，即运用新闻手段对社会阴暗面和各类消极腐败现象进行揭露和批评。广播电视媒体由于自身的传播特色，反映的内容直观生动、冲击力强，使得舆论监督节目在进行舆论监督时尤具优势，社会影响力巨大。

制作舆论监督节目，开展舆论监督要注意把握以下原则：

一是坚持建设性监督。开展舆论监督，要始终坚持重在建设，站在党和人民的立场上，以改进工作、解决问题、增进团结、维护稳定为出发点。要服务大局，紧紧围绕党的中心工作，抓住那些群众关心、政府重视、具有普遍意义的问题，有针对性地开展舆论监督。要注重舆论监督的社会效果，着眼于推动问题的解决，向积极的方面进行引导，使舆论监督有利于针砭时弊、弘扬正气，理顺情绪、化解矛盾，促进改革发展、维护社会稳定。要从公德心出发，与人为善，不能感情用事，防止激化矛盾，特别是对一些重大问题、敏感问题，要格外注意舆论监督的社会影响。无论正面宣传还是舆论监督，都要坚持正确舆论导向，坚持团结稳定鼓劲，维护党和政府的良好形象，发挥好新闻舆论工作统一思想、凝聚力量的积极作用。

二是坚持科学监督。开展舆论监督，应当有科学的态度，用科学的方法，做到事实准确、客观全面、以理服人。真实是新闻工作的生命，也是舆论监督的生命。一旦不真实，舆论监督就会失去公信力，造成恶劣的社会影响。要坚持实事求是，深入调查研究，充分了解情况，认真核实报道内容，决不能道听途说、似是而非、断章取义。真实还有个总体真实与个别真实的问题，总体真实是宏观的真实、普遍的真实，个别真实是单个事件的真实、具体细节的真实。不能把个别问题当成普遍问题，把局部问题当成全局问题。要全面、辩证地观察和分析问题，充分考虑实际情况的复杂性，听取各方面意见，防止偏听偏信、以偏概全。要摆事实、讲道理，用事实说话，以理服人，决不能盛气凌人、居高临下、以势压人，真正让被监督者心服口服，使我们的报道经得起历史、实践和群众的检验。

三是坚持依法监督。依法治国，是我们党领导人民治理国家的基本方略。舆论监督受法律保护，也必须在法律规定的范围内进行，严格依法办事。舆论监督报道的内容必须符合宪法和法律，不能违背党的路线、方针、政策，不能泄露国家秘密，不能干扰和妨碍政法机关依法办案，不能侵犯公民、法人及其他组织的合法权益。舆论监督的手段、方法必须符合法律规定，获取新闻素材、核实报道内容都要通过合法的途径、程序和正当的方式，不能采取非法和不道德的手段进行采访。在我们国家，舆论监督的权力是党和人民赋予的，无论是党报、党刊、通讯社、电台、电视台，还是其他各类报刊、互联网站，都要接受法律的约束，接受社会和群众的监督。新闻媒体和记者要摆正自己的位置，注意在大局下考虑问题、决定取舍，不能“包揽诉讼”“包打天下”，不能把舆论监督作为提高收视率和发行量的手段，更不能打着舆论监督的旗号谋取个人私利。新闻媒体什么时候都不能成为独立于党和政府之外的所谓“社会公器”“第四权力”，我们的记者什么时候都不能成为不受法律约束的“无冕之王”。

第五部分

广播电视报道类型及规范

复习要点提示

- 掌握广播电视主要报道类型的报道规范。
- 掌握隐性采访的使用原则和要求。
- 熟悉报道用语规范和报道中的禁用词。
- 掌握出镜报道的规范要求。

广播电视新闻报道要遵循一般新闻原则与操作规范，坚持党性原则，坚持正确的舆论导向，遵循用事实说话的规律，确保新闻真实准确、客观公正。同时，有一些报道领域与报道类型，要注意特殊的规范。

案件报道

案件报道是法治报道的重要内容，具有传播法律信息、普及法治知识、监督司法审判、促进司法公正的作用，但是如果报道偏离正常规范，超越合法合理的界限，则会误导舆论。其报道规范主要有：严格遵守宪法法律的规定，坚持法律面前人人平等、无罪推定、程序正义等原则。

以合法正当的方式采访司法活动和案件信息。不对一般案件进行隐性采访。采访时不妨碍刑事侦讯工作，不干扰办案过程。

注意保护信息来源、采访对象的合法权益，无论其身份与地位，尤其注意不对犯罪嫌疑人进行审讯式采访。对于未成年的采访对象，要尽力确保采访时监护人在场，充分保护其个人隐私与心理健康。对于未成年的违法者、犯罪嫌疑人或服刑人员，要严格遵守相关法律法规的规定，保护其权益。

报道立场要中立、平衡，避免二次伤害。尽最大努力接触每一方当事人，倾听并报道各方对事实的阐述和自我辩解，同等重视诉讼参与各方的声音；维护司法独立，对于未宣判案件，不作定罪定性式的报道，不作具有倾向性的评论，避免“有罪推定”和“未审先判”。确保受害人，尤其是受到性侵害者，不因媒体的行为而受到二次伤害。

注意报道内容的把握，努力提高案件报道的格调与品位。注意反映案件主要事实或重要问题，不为追求商业目的和轰动效应，对犯罪嫌疑人或犯罪者的人格、行为进行美化或者妖魔化；避免渲染暴力、色情、恐怖、凶杀等易伤害未成年人身心的内容。谨慎披露案件细节与证据，侦破手段、过程、犯罪分子留下的破绽、违法犯罪情节等不宜过度披露。

报道中准确使用法律专业用语，报道语言要合法、理性、严谨。避免用主观色彩强烈的形容词和副词或者其他文学化的语言对案件、庭审言行作煽情化、娱乐化的描写。在法庭判决前，涉案当事人不能称为“罪犯”，只能称为“犯罪嫌疑人”。不使用定罪倾向描述，如“拒绝认罪”“罪不可赦”等。

批评性报道

批评性报道指对社会中较突出的矛盾、问题、错误或不良现象所作的新闻报道。批评性报道强调以积极和建设性的态度来对待所批评的人和事，其目的与作用在于促进社会发展、维护公共利益、引导正确的思想和舆论、鞭挞丑恶、弘扬正气、提示警戒、扫除消极因素、调动和促进积极因素等。

批评性报道的主要规范有：

记者要站在公共利益的立场，要有强烈的社会责任感、正义感及勇气，坚持独立思考，冷静判断。不能以报道作为手段从报道对象获取利益。不强行要求采访对象接受采访，尤其不能以威胁方式强行采访。

报道要切中时弊，主题鲜明，要针对当前社会中突出的、受众关注的问题，选取有代表性的事实进行报道。

批评性报道要有充分的、经过严格核实的事实证据作为支撑，在写作中以事实陈述和直接引述作为主要叙述方式。注重事实的多源验证，包括被报道事件中的当事人、相关人等。报道要充分考虑问题产生的具体情况和历史背景，避免批评的表面化、偏激化和扩大化。不以个案上升到对整个行业、地区和某类人整体的批评。

批评性报道要特别注意公正与平衡，必须给予被批评者实质性的答辩机会，即真诚地努力给被批评对象足够的时间和信息作出实质性回应。若无法获得答辩信息，在报道中说明。

灾难报道

灾难报道指关于自然灾难或社会灾难的新闻报道。自然灾难包括地震、台风、洪水等。社会灾难包括战争、空难、矿难、恐怖活动等。灾难新闻涉及人类生存的重大事件，紧密联系死亡、流血等悲惨情形，具有很高的新闻价值，容易激发受众的新闻需求。

灾难报道的基本原则包括：全面、准确、及时跟踪报道灾难事件，充分满足公众知情权，彰显人文关怀，尊重生命和保障人格尊严，尊重个人隐私，不渲染灾难事件中悲惨场景，避免煽情做法。

灾难报道的主要规范有：

尊重采访对象，尊重灾难经历者或遇害者家属接受采访的意愿。采访前要告知采访意图，征得其同意；尊重其不接受采访的权利，尊重其不暴露身份的要求，不能强行采访或诱骗采访。当采访对象处于惊恐状态时，放弃提问、摄像、摄影等直接接触的采访方式，用其他观察等不打扰的方式采访，或者放弃采访。对刚失去亲人的采访对象，提问不涉及对失去亲人的感受、对亲人的思念等内容；注意观察采访对象情绪的变化，必要时放弃采访，以避免二次伤害。不采访刚被救出的身体虚弱的幸存者，不拍摄采访对象衣冠不整、身体裸露的状态，对遇难者遗体不采用特写镜头。

采访时听从现场救援指挥，不影响救援工作的正常进行。面对危及生命的突发事件，先救人，后采访。在采访时，进行风险评估，优先考虑记者人身安全，注意记者心理健康。

在现场连线报道时，还要注意：不能只为了现场效果而连线，必须基于新闻价值和公共利益；不连线播出哀伤或恸哭的声音或影像，或当事人神志不清的言语、行为影像；连线过程中突然出现过于血腥、暴力影像时，要及时切换到资料或预录影像。

不播发过于惨烈的灾难现场影像，或对其进行模糊化处理；不用特写镜头报道遇难者家属悲痛的表情或声音；不突出使遇难者家属可能受到伤害的内容；不以调侃、幸灾乐祸、娱乐化口气报道灾难。

积极发挥守望功能，尽快报道救灾行动和救援措施。提供科学的避难、防疫、逃生等生活服务信息。

尽量完整而广泛地报道灾区情况，不过度集中报道同一灾区。不以救灾成绩掩盖灾情，夸大灾情。报道灾情的有关数据，应该以权威部门公布的信息为准。对数据或信息未经核实，不作揣测性报道。

突发事件报道

突发事件是指突然发生的，造成或者可能造成严重社会危害，需要采取紧急处置措施应对的自然灾害、事故灾难、公共卫生事件和社会安全事件。突发事件具有突发性、偶然性、强烈破坏性、多变性、影响广泛性等特征，新闻价值高，是新闻报道的重要内容。

突发事件报道的基本原则包括：全面、准确、及时报道突发事件，坚持以人为本，充分满足公众知情权，坚持正确舆论导向，维护社会稳定；积极引导舆论，有针对性展开应急报道，注重解疑释惑，疏导社会情绪。

突发事件报道多为灾难事件，因此要遵循灾难报道的规范，同时还要注意如下规范：

快速反应，讲究时效。重大突发事件要即时启动应急报道机制。记者要在最短时间内赶赴现场，前后方共同配合，形成合力，为报道做好背景、资料收集、前后沟通及技术保障等工作。

深入现场，全面采访。保证新闻的真实性，注意采访权威消息来源。注意正面引导社会舆论，及时报道重大突发事件的情况，充分报道突发事件的处置措施；全面准确反映处置进程，理性科学解析事件走向。

死亡报道

死亡报道是一个关注度高、争议度也高的报道领域。对“死亡”的呈现与传播，特别是对名人的正常死亡与非正常死亡的报道，时常引起较大的争议。死亡报道包括正常死亡和意外死亡报道等不同类型。

死亡报道的基本原则是：尊重生命，唤起公众的悲悯意识，促进理性思考；体现人文关怀，尊重死者及其亲属的人格、尊严与隐私，避免炒作和煽情。

死亡报道的主要规范有：

尊重采访对象，尊重死者家属接受采访的意愿，不干扰死者家属的正常生活。采访死者家属前要征得其同意，不能强行采访或诱使其接受采访。除非获得家属许可，一般不在灵堂或殡仪馆等场所拍摄死者遗体遗容。尽量以观察或采访其他知情者替代采访死者家属，以减少对家属的刺激，必要时放弃采访。

死亡信息呈现要节制和适度，以尊重死者尊严，保护生者心理。避免渲染细节，谨慎处理死伤画面，避免特写镜头，不能过于血腥，尽量不播出尸体画面。未经家属同意，不得播出死者遗照。

谨慎报道自杀新闻。不详细描述或特写自杀现场死者的惨状；不详细描写自杀细节，包括自杀手段、地点、工具等；不用图片、视频或动画等详细展示自杀过程。不合理化、不美化自杀行为，不简化自杀原因；不贬损自杀者的人格尊严，不用耸人听闻的语言描述自杀；注意处理报道的标题，不使用煽情标题；避免在显著位置进行过度的重复报道，避免同一节目中集中报道自杀案件；在报道中应当提供遇到困难时可以获取到帮助的途径和信息，说明预防自杀的途径和救助措施，如心理咨询电话等。

暴力报道

暴力报道主要原则：暴力报道要格外小心，保持良好品位和格调，表达正确的职业立场。主要报道规范有：

避免渲染暴力的信息，以防带来负面影响。渲染暴力信息是指在报道中详细描述暴力行为或场面，如凶杀、斗殴、虐待动物等。在新闻报道中要尽量避免暴力和血腥场面。如果无法避免，要对画面进行遮挡处理，以免观众产生恐惧、恶心等不适心理，同时注意标注提示，如“不适合未成年人收看”。

不美化、不鼓励暴力行为，包括不认为暴力行为是可行的、无可奈何或者必要的。

审慎呈现暴力相关的故事或情节，警惕其社会诱发效果，避免暴力引发轰动效应。不能以深度挖掘、社会反思、关怀弱势等名义过度关注和表现暴力。

报道中的暴力内容，要考虑对叙述事件的必要性、对社会与公众的影响、对当事人及家属的影响，必要时要进行删减。不以大标题、大幅照片、特写镜头突出暴力内容。不在同一节目集中展示暴力新闻，可选择有代表性的内容刊播，并以编后话的形式进行提示。

未成年人报道规范

未成年人的隐私是报道的禁区。未成年人心智尚未成熟，不能准确判断隐私披露的后果，难以恰当表达是否披露隐私的意愿，一旦造成不良后果也难以有效主张权利；因此，无论未成年人是否损害公共利益或者有违法犯罪行为，新闻报道都不能直接披露其隐私，即使得到本人或其监护人同意也不能直接披露其隐私。

未成年人报道的主要规范有：

一般情况不采访未成年人，除非涉及公共利益，或者其是重要当事人；采访未成年人征得本人及其监护人同意；不以惩罚、利诱或欺骗方式让未成年人接受或配合采访；采访的问题不超出未成年人理解的范畴，将采访目的、采访提纲及报道可能产生的后果提前告知未成年人及其监护人；尊重未成年人的观点和表达，不因其幼稚，而对其轻视、取笑；在其有监护人或者其他负责人如学校老师在场的情况下采访；以重复询问的方式向未成年人确认其谈及的信息；根据未成年人的心理承受能力和现场状况，调整采访内容、采访方式和问题顺序；保护其自尊心，不提及可能影响其身心发展的问题，不触及他们不愿提及或想起的信息；不干扰未成年人正常的学习和生活。

播发前，将报道内容告知未成年人及其监护人，得到其确认；避免因未成年人父母的名声、地位或事件关系而报道其学习生活；未成年人受到性侵犯或者涉及违法犯罪活动的报道中，不能披露姓名、住所、照片、图像以及可能推断出该未成年人的信息，报道中须使用化名、模糊影像、语言变声等方式，使其身份不被识别。

隐性采访

隐性采访又称暗访，是记者隐藏真实身份和采访目的，在采访对象不知情或未同意的情况下进行采访或采用秘密方式获取信息，如偷拍偷录，并将其公开报道。

隐性采访必须服务公共利益，注重隐私权，不得侵犯他人名誉权、肖像权等合法权益。舆论监督不是隐性采访的理由，隐性采访不是舆论监督的唯一或首要途径。避免滥用隐性采访，不能将隐性采访用于传媒市场竞争和个人名利追逐，否则伤害社会诚信和媒体公信力。不得非法获取或泄露国家机密，不得侵犯商业秘密。不对庭审隐性采访，不窃取法庭资料。

隐性采访必须遵守法律和新闻职业道德。记者采访权利是公民权利的延伸，不是法定的行政权力。记者不拥有一些国家机关工作人员的权力，如警察的执法权，更没有任何法外特权。记者不得因采访冒充公务身份，不得为了揭露犯罪而参与犯罪活动，不得非法使用窃听、窃照等专用间谍器材。

隐性采访的主要操作规范有：

在工作可以自由出入和交往的场合，如街道、广场、公园、公共交通工具等，一般可以不暴露身份采访。但这些场合若有法律规定而限制摄录或涉及私人活动，不宜进行隐性采访。除非涉及公共利益，不对公众人物在私人场合的活动进行隐性采访。对与公共利益关系不大或者孤立的事件，如一般交通违章，不宜隐性采访。对私人住宅、医院诊室等涉及隐私场所，不宜隐性采访。未经许可，记者不能改变自然性别角色进入异性公共场所采访，如集体宿舍、公共浴室等。特殊情况下的隐性采访，要争取相关职能部门的配合和联动，尽量避免单方面的行动，以保障人身安全。

隐性采访获取的信息，在报道时要加以标注，如在电视屏幕显著位置标注“隐性采访”“非正常拍摄”等字样。引用其他机构或个人隐蔽手段拍摄的音像，报道前需征得作者同意，并标注消息来源和采访方式，如在电视屏幕显著位置标注“公安机关非正常拍摄”“个人手机非正常拍摄”等字样。与公共利益无关的信息，如公开场合的私人谈话、无意拍摄的可辨识一般公众身份的长镜头、门牌号、车牌号等，报道时要征得当事人同意，或采取技术手段模糊处理，使其不被辨识。

在程序规范上，隐性采访必须满足下列所有条件才予以采用：有证据证明所要调查的事件或人物与公共利益相关；公开采访或暴露记者身份就无法获取有关信息，而隐性采访是唯一和最后的手段；隐性采访可能涉及的手段或方式，要符合法律规定和新闻职业规范；隐性采访要得到记者所服务的媒体单位批准，确保每次隐性采访都经过了慎重考虑和严肃判断；隐性采访所获得的原始材料要提供给记者所服务的媒体单位，经保密处理后封存。

图片报道

图片报道涉及新闻价值、记者职业角色和社会伦理、人道主义原则等比较复杂的情况，因此要慎重考虑，小心使用。图片报道的基本原则有：新闻图片要真实、客观、公正地呈现事实；保持图片品位，图片是为了更好地说明事实，展现真相，而不是刺激感官；图片内容与文字说明、旁白解说一致；要以合法、诚实手段获取新闻图片及影像，保护其著作权，保护其所涉及的肖像权、名誉权和隐私权；涉及拍摄对象生命安全时，救助第一，拍摄第二。

图片报道的主要操作规范有：

拍摄前告知拍摄对象素材的用途。未经拍摄对象同意，不得拍摄与公共利益无关的私人生活照片或影像；与公共利益无关时，不拍摄当事人的私人空间及私人情绪；对于敏感领域，如医院、学校、监狱、法庭或警局等拍摄、录音应事先获得同意，未经许可，不能偷拍偷录；不导演和摆拍。注意追悼活动、悲惨场景的拍摄规范。

图片说明使用中性词，不歪曲事实，不误导公众，不做无事实根据的暗示或影射；编辑不改动记者的原始照片。如需要修改，编辑说明处理的理由、方式和修改范围，如标注“软件合成”；在批评报道中，不使用与报道内容无关的照片或影像；不播发恐怖、色情、猥亵、过于血腥、渲染暴力的画面；谨慎使用特写画面，包括未成年人、灾难伤亡、犯罪、尸体等特写画面尽量不用，如无法避免使用，要进行模糊或遮挡处理，必要时进行警示说明。

图片报道要经过必要的程序：拍摄前要考虑拍摄的目的是否出于公共利益、是否出于善意，如果为了获奖、仅仅为了吸引眼球、为个人私利或主题本身不道德等不进行拍摄。核查图片内容是否真实、公正、体面，文字说明是否客观，图文是否一致。考虑照片刊登后的效果，遵循最大限度地有利于信息传递，而最小限度地减少伤害的原则。争议较大的照片在播发前应在编辑部公开讨论，或咨询专家、同行和公众代表的意见。刊登之后注意受众反馈。

报道中的禁用词

在新闻报道中要注意准确、严谨、科学、规范地使用语言表述，避免各类用语用词错误、知识性错误，或容易导致负面效果的不当提法。编辑记者应当熟悉各类报道的禁用词，避免采编业务中的差错。

报道中的禁用词包括如下类型：

政治类禁用词。如，不要使用“父母官”提法，不把“国有”称为“国营”，对各级领导同志的各种活动报道，不使用“亲自”等形容词等。

社会生活类禁用词。如，对有身体伤疾的人士不使用“残废人”“独眼龙”“瞎子”“聋子”“傻子”“呆子”“弱智”等蔑称，而应使用“残疾人”“盲人”“聋人”“智力障碍者”等中性词语。报道各种事实特别是产品、商品时不使用“最佳”“最好”“最著名”等具有强烈评价色彩的词语。医药报道中不得含有“疗效最佳”“根治”“安全预防”“安全无副作用”等词语，药品报道中不得含有“药到病除”“无效退款”“保险公司保险”“最新技术”“最高技术”“最先进制法”“药之王”“国家级新药”等词语。

法治类禁用词。如，对刑事案件当事人在法院宣判有罪之前，不使用“罪犯”，而应使用“犯罪嫌疑人”。在民事和行政案件中，原告和被告法律地位是平等的，原告可以起诉，被告也可以反诉。不要使用原告“将某某推上被告席”这样带有主观色彩的句子。不得使用“某某党委决定给某政府干部行政上撤职、开除等处分”，可使用“某某党委建议给予某某撤职、开除等处分”。新闻稿件中涉及如下对象时不宜公开报道其真实姓名：（1）犯罪嫌疑人家属；（2）涉及案件的未成年人；（3）涉及案件的妇女和儿童；（4）采用人工授精等辅助生育手段的孕、产妇；（5）严重传染病患者；（6）精神病患者；（7）被暴力胁迫卖淫的妇女；（8）艾滋病患者；（9）有吸毒史或被强制戒毒的人员。涉及这些人时，稿件可使用其真实姓氏加“某”字的指代，如“张某”“李某”，不宜使用化名。

民族宗教类禁用词。如，对各民族，不得使用旧社会流传的带有污辱性的称呼。不能使用“回回”“蛮子”等，而应使用“回族”等。也不能随意简称，如“蒙古族”不能简称为“蒙族”，“维吾尔族”不能简称为“维族”，“哈萨克族”不能简称为“哈萨”等。禁用口头语言或专业用语中含有民族名称的污辱性说法，不得使用“蒙古大夫”来指代“庸医”，不得使用“蒙古人”来指代“先天愚型”等。

涉及我国领土、主权和港澳台禁用词。如，香港、澳门是中国的特别行政区，台湾是中国的一个省。在任何文字、地图、图表中都要特别注意不要将其称作“国家”。尤其是多个国家和地区名称连用时，应格外注意不要漏写“（国家）和地区”字样。对台湾当局“政权”系统和其他机构的名称，无法回避时应加引号，如台湾“立法院”“行政院”“监察院”“选委会”“行政院主计处”等。不得出现“中央”“国立”“中华台北”等字样，如不得不出现时应加引号，如台湾“中央银行”等。台湾“行政院长”“立法委员”等均应加引号表述。台湾“清华大学”“故宫博物院”等也应加引号。严禁用“中华民国总统（副总统）”称呼台湾地区领导人，即使加注引号也不得使用。对台湾地区施行的所谓“法律”，应表述为“台湾地区的有关规定”。涉及对台法律事务，一律不使用“文书验证”“司法协助”“引渡”等国际法上的用语。不得将海峡两岸和香港并称为“两岸三地”。不得说“港澳台游客来华旅游”，而应称“港澳台游客来大陆（或：内地）旅游”。“台湾”与“祖国大陆（或‘大陆’）”为对应概念，“香港、澳门”与“内地”为对应概念，不得弄混。不得将台湾、香港、澳门与中国并列提及，如“中港”“中台”“中澳”等。可以使用“内地与香港”“大陆与台湾”或“京港”“沪港”“闽台”等。“台湾独立”或“台独”必须加引号使用。台湾的一些社会团体如“中华道教文化团体联合会”“中华两岸婚姻协调促进会”等有“中国”“中华”字样者，应加引号表述。不得将台湾称为“福摩萨”。如报道中需要转述时，一定要加引号。南沙群岛不得称为“斯普拉特利群岛”。钓鱼岛不得称为“尖阁群岛”。严禁将新疆称为“东突厥斯坦”。

国际关系类禁用词。如，不得使用“北朝鲜（英文 North Korea）”来称呼“朝鲜民主主义人民共和国”，可直接使用简称“朝鲜”。英文应使用“the Democratic People’s Republic of Korea”或使用缩写“DPRK”。有的国际组织的成员中，既包括一些既有国家，也包括一些地区。在涉及此类国际组织时，不得使用“成员国”，而应使用“成员”或“成员方”，如不能使用“世界贸易组织成员国”“亚太经合组织成员国”，而应使用“世界贸易组织成员”“世界贸易组织成员方”“亚太经合组织成员”“亚太经合组织成员方”（英文用 members）。不使用“穆斯林国家”或“穆斯林世界”，而要用“伊斯兰国家”或“伊斯兰世界”。在报道社会犯罪和武装冲突时，一般不要刻意突出犯罪嫌疑人和冲突参与者的肤色、种族和性别特征。比如，在报道中应回避“黑人歹徒”的提法，可直接使用“歹徒”。公开报道不要使用“伊斯兰原教旨主义”“伊斯兰原教旨主义者”等说法。可用“宗教激进主义（激进派、激进组织）”替代。如回避不了而必须使用时，可使用“伊斯兰激进组织（分子）”，但不要用“激进伊斯兰组织（分子）”。

出镜报道

出镜报道是视频新闻中记者置身于新闻现场、出现在镜头前向观众做出介绍、分析或评论的新闻报道形式。出镜报道可以强化报道的现场感，增加报道的可信度；可以由记者交代镜头不能表现的信息，如内心感受等；可以拉近观众与记者距离，让观众形成直接交流的体验。

做好出镜报道的规范主要有：

（1）出镜报道要从严把握题材。现场感强的动态或突发事件适合出镜报道，非事件新闻一般不用出镜报道。要选择合适的事件、时间、地点和场景进行出镜报道。

（2）出镜报道前要做充分准备。出镜记者要将资料掌握到位，做到形象得体、情绪调节合理；报道团队要充分沟通，相互配合。技术装备等要准备妥当。

（3）把握现场出镜叙述的内容结构和逻辑。通常包括自我介绍、现场情况说明、背景介绍、细节描述等内容。记者叙述要坚持客观报道原则，不宜带有主观推测、突出的个人倾向，不随便做结论。涉及法律或其他专业问题，要请专家来说。

（4）要遵守职业道德，体现人文关怀。严格遵守灾难报道、突发事件报道、未成年人报道等报道的规范，避免造成二次伤害。

《广播电视业务》
模拟试卷与参考答案

《广播电视业务》模拟试卷（一）

1. 笔试题满分为 100 分。

2. 笔试考试时间为 150 分钟。

3. 考试方式为闭卷考试。

4. 试题类型包括选择题、案例分析题、写作题。

一、单项选择题（本大题共 20 小题，每小题 1 分，共 20 分）

1. 新闻报道的起点和基础活动是（　　）。

A. 新闻采访　　B. 新闻写作

C. 新闻编辑　　D. 新闻评论

2. 以下对新闻采访的描述不正确的一项是（　　）。

A. 新闻记者所要采访的事实是新近发生的新鲜事实，是为获取新闻而采访

B. 新闻记者要严格遵循采访提纲进行采访活动

C. 新闻记者要随着事物的发展变化，从不同侧面、不同角度，进行不断采访和连续报道

D. 新闻记者在采访中可以变换采访对象，更换新的线索

3. 以下对新闻线索的特点描述正确的一项是（　　）。

A. 简单明了，完整性强　　B. 时间短暂，稳定性低

C. 反映本质，变动性小　　D. 虽是信号，仍可证实

4. 以下对广播电视新闻采访对象的选择不正确的一项是（　　）。

A. 是新闻事件的当事人

B. 是新闻事件的目击者

C. 是新闻事件的知情者，但不愿面对媒体，应该穷追不舍捕捉新闻线索

D. 不是新闻事件的知情人，但可以提供专家意见

5. 以下对广播新闻采录的描述不正确的一项是（　　）。

A. 采录时要注重音响的素质。力求自然、捕捉特点、尽量清晰，要尽最大努力获取高质量的音响

B. 采录时要掌握采访的主动权和控制采访节奏，时刻注意现场的变化，捕捉音响

C. 采录时可根据采访计划对采访对象进行引导，还可进行后期拟音，采制优质的音响

D. 采录时应尽量选择能够反映事物或人物个性的音响，以求更好地表现人物或事物的个性

6. 以下对新闻采写中同期声运用的描述不正确的一项是（　　）。

A. 引用新闻报道中不同身份、不同个性人物所说的话，可以使报道具有现场感

B. 引用同期声多有出处，可表明消息来源，有助于提高新闻的真实性

C. 记者可以利用新闻报道中的人物之口，讲出自己希望说出又不便直接出面说的话

D. 新闻报道中的同期声必须来自新闻事件的当事人和目击者

7. 以（　　）拍摄，可使得观众无法看到画面中人物的面部表情，具有某种不确定性和一定的悬念。

A. 平角度　　B. 仰角度

C. 侧面方向　　D. 背面方向

8. 新闻标题《凤姐当新闻主笔》，突出了新闻价值特性中的（　　）。

A. 接近性　　B. 重要性

C. 显著性　　D. 趣味性

9. 以下对系列报道的特点描述不正确的一项是（　　）。

A. 多为题材重大的非事件性新闻，通过系列组合报道，深入揭示主题

B. 应多角度围绕同一主题反映各方情况，内容广博，信息量大

C. 系列报道中的多个独立报道，既有外在的连续性，也有内在的必然联系

D. 主题必须集中不分散

10. 以下对新闻编辑工作职责描述不当的一项是（　　）。

A. 新闻信息的统合　　B. 把关

C. 发言　　D. 社会决策

11. 除了是新闻事件的调查者和传播者之外，从事广播电视新闻报道的记者不可担当（　　）角色。

A. 参与者　　B. 解说者

C. 现场引导者　　D. 操控者

12. 以下选项中（　　）是新闻传播活动的“总设计”与“总指挥”。

A. 新闻采访　　B. 新闻写作

C. 新闻编辑　　D. 新闻评论

13. 以下对稿件修改的描述不正确的一项是（　　）。

A. 订正修改稿件本身存在事实细节误差问题

B. 依据栏目的特殊定位对稿件作出调整修改

C. 根据传播意图的变化对稿件作出修订

D. 稿件本身无问题，但影响新闻当事人的经济利益，应作出修改

14. 对广播电视新闻标题的描述不正确的一项是（　　）。

A. 相对简单明了，易听易懂

B. 消息类新闻的标题由于与图像相伴随，多使用辅题以增加信息量

C. 广播新闻中的消息特别是简明新闻、快讯、短讯等，一般不拟标题

D. 电视标题以片头方式出现时，可起划分节目结构与层次的作用

15. 对新闻类节目音像编辑的原则描述不当的一项是（　　）。

A. 真实性原则是一切新闻类节目的基本原则

B. 可依据传播者的立场方针和价值取向进行编辑以体现主观性

C. 可根据编辑需要任意调整客观对象发展变化的自然顺序

D. 在结构层次上，可以制造和保持悬念，调动受众的兴趣

16. 新闻舆论监督的主体是（　　）。

A. 新闻记者　　B. 新闻编辑

C. 新闻评论员　　D. 人民群众

17. 以下对新闻评论特点的描述不正确的选项是（　　）。

A. 平易亲切，把自己与听众摆在平等的位置上，平等交流、平等地分析问题和探讨问题

B. 生动具体，运用多元表达手段，可以使受众有一种身临其境之感，富有现场感和说服力

C. 形象说理，将抽象的论述性语言与形象的画面语言相结合烘托评论的感情色彩

D. 用具体的视听形象支撑说理，难于表现深刻的重大社会题材

18. 以下对新闻评论论据的特点描述不当的一项是（　　）。

A. 论据要真实

B. 论据要新鲜

C. 论据要容易引起受众兴趣

D. 论据必须丰富多样

19. 被誉为电台和电视台的“政治旗帜”和“灵魂”的是（　　）。

A. 新闻采访　　B. 新闻编辑

C. 新闻写作　　D. 新闻评论

20. 以下对新闻述评的基本特点描述不正确的一项是（　　）。

A. 评述结合，以述为本

B. 述中有评，评中有述

C. 由述而评，以评驭述

D. 述的篇幅往往多于评

二、多项选择题（本大题共 5 小题，每小题 2 分，共 10 分）

1. 以下对新闻价值的要素描述正确的选项是（　　）。

A. 新鲜性　　B. 重要性

C. 显著性　　D. 接近性

E. 趣味性

2. 以下对广播的传播优势描述正确的选项是（　　）。

A. 传播迅速，信息量大

B. 覆盖面广，受众广泛

C. 抽象深刻，概括性强

D. 线性传播，选择性强

E. 收听灵活，伴随性强

3. 以下对"用事实说话"原则的描述正确的选项是（　　）。

A. 新闻报道要坚持客观原则，不能在新闻报道中体现报道者的主观倾向性

B. 在新闻报道中，作者不能直接评论新闻事实

C. 通过对事实的适当选择，巧妙地表达报道者的立场与观点

D. 选择恰当的背景新闻，用旧事实来说明新事实，巧妙地表达报道者的观点

4. 以下对新闻编辑的把关作用描述正确的选项是（　　）。

A. 要对新闻的倾向性及其传播的社会效果进行考量，杜绝新闻报道在政治思想和政策上的差错

B. 要以新闻业务的专业标准对新闻传播活动进行把关，选择新闻价值较高的新闻信息

C. 根据传播受众的特点，关注新闻信息的服务性，满足目标群体新闻需求对新闻信息进行取舍

D. 根据传媒自身的角色定位，选择适宜的新闻信息进行传播

5. 新闻报道要注重用语规范，以下用语有误的是（　　）。

A. 台湾行政院院长苏嘉全就舌战蓝营立委

B. 北京朝阳区麦子店西街潞潮佳苑小区十二岁女孩李冰冰遭到继父长达五年之久的强奸，稍微反抗便会遭到毒打

C. 国家卫生计生委 12 日举行新闻发布会，介绍福建综合医改试点工作进展情况

D. 中港两地中学生进行了深入的交流活动

三、案例分析题（本大题共 2 小题，每小题 15 分，共 30 分）

1. 请分析下列广播消息的特色。

协和医院：一台手术竟让患者开两次刀

（导语）王女士打进新闻热线 65159063 说，她在协和医院做 4 颗直肠息肉的切除手术，在手术台上被医生告知医保只能报销其中两颗的费用。医院的做法让她不知道原因，也让她感觉缺乏人情味儿。详细情况请听新闻广播记者高翔的报道：

（串词）王女士昨天告诉记者，她去年年底体检查出患有直肠息肉，需要手术切除。费了一番周折后，她挂到了协和医院消化内科的号，随后在协和做直肠息肉切除手术，但是手术的过程并不愉快：

（同期）做息肉，他给我切了两个了，切了两个了呢，他说你这上头还有呢，还做不做呀，我说干吗不做啊，他说你要再做就属于自费了。我说凭什么自费啊，他说医保上规定的，医保上规定的就可以做两个，再多做就得自费要花钱了。

（串词）一台手术，切除 4 颗息肉，却只能报销其中两颗的费用。如果想全都报销，需要重新挂号，再做一次手术。王女士说，尽管对这一规定存在疑问，但是她不愿意二次受罪，只能去交这部分所谓自费的费用。无论切除几颗直肠息肉，都是一台手术。医保是否有关于几颗息肉手术可以报销的规定呢？东城区医保中心的工作人员表示：

（同期）手术是符合我们医保的，我们都是有标准来支付的。至于您说的几颗的那个目前我们还真没有听说过，这个目前就没有说一颗两颗或几颗的。

（串词）医保中心和医院给王女士的解释显然不一致。

随后记者来到协和医院，说明情况之后，新闻宣传中心主任段文利根据病例核实了当天的情况，随后承认医院有不合适的行为：

（同期）确实是我们的小大夫有不合适的行为。你确实就应该给人切了，这4个都拿了。

（串词）虽然承认了医生的错误，但是段主任也坦言医保政策目前并没有照顾到手术过程中医生的劳动差别：

（同期）实际上剔一个肌瘤和剔200多个，其实医生付出的确实不一样。其实我们的定价各方面确实没有兼顾到医疗实际的情况。

（串词）4个息肉分两次切，算两台手术，医生的绩效考核上也会有所体现。段主任表示，目前对内科医生的绩效考核机制，医院方面还需要完善：

（同期）我们的收入和提成是不挂钩的，但是我们和工作量是一致的。我们再去深入研究一下，深入去看看，到底为什么有这样的行为出现呢，其实这是我们需要确实从管理部门来讲，需要解决的。

（串词）协和医院最终表示，愿意向王女士道歉，并退回手术中的患者付出的自费费用：

（同期）人家老人提得对，那咱就改，真是给人赔礼道歉，有一部分钱是自费的吧，给人家退。要求他们小大夫管好了，科里必须得严肃管理，以后不能出现这种事情。

（作者高翔、谢先进，北京人民广播电台北京新闻广播《新闻2013》2013年7月5日播出）

2. 请分析下列电视新闻专题的特色。

让我们记住他的名字

在距离中国万里之外的南极大地，有一条路被命名为“厦工大道”。这条路，让南极的科考队员们记住了一家中国企业，也记住了一位普通的中国工人，他的名字叫——盖军衔。

出片题：让我们记住他的名字

1

（科考队同事念盖军衔妻子来信：今天是你的生日，祝你生日快乐，我们天天都在注意你们的消息，许多人都在关注此次的冰盖考察。你自己多保重，嫣明。）

2004 年 12 月 11 日，盖军衔在南极中山站度过了终生难忘的 50 岁生日。第二天，他们将向被称为“人类不可接近之极”的南极冰盖最高点冲击。

（同期声：克服困难，完成考察任务。我们一起喝下这杯酒。）

（好。）

这已经是盖军衔第三次参加南极科考活动了。1992 年，国家极地考察办公室选中厦工装载机作为南极科考装备，厦工机械师盖军衔从此与南极结缘，成为中国第一个参加南极科考的产业工人，厦工大道就是那时候盖军衔开着厦工装载机修出来的。

（盖军衔唱歌：一时失志不用怨叹，一时落魄不用胆寒……）

1997 年，盖军衔再次随科考队来到南极，他给队友们带来了“闽南三宝”，把闽南的功夫茶和那首唱响中华大地的歌曲《爱拼才会赢》带到了南极，让闽南的水仙花在南极的严冬绽放。

在冰天雪地中，在那片危险而孤独的生命禁区中，盖军衔和科考队员们结下了生死之谊。

2

青年时代的盖军衔一直有个遗憾，自己只有小学文化程度。1975 年，盖军衔进入厦门工程机械厂当学徒，那年他 20 岁，同一批进厂的工人里，他的文化水平是最低的。

（师傅余长吾：所以当时我就鼓励他，你要去，文化水平再加紧深造一下，所以他就毫不犹豫就报了我们的夜校。）

（盖军衔生前采访：意思说叫我要，要多学习，那么当时我也给我师傅说，我说你相信我，我说我不管到任何时候，不会给师傅丢脸的。）

从那时起，盖军衔白天上班，晚上到夜校读书。两年初中，三年高中，四年大学，九年之后，他拿到了机械制造专业的本科文凭，弥补了人生一大缺憾。

厦门工程机械厂是中国第一台装载机诞生的地方。对装载机这个庞然大物，盖军衔有着浓厚的兴趣；数以万计的零部件，他拆了装，装了拆，反复研究每一道工艺，每一张图纸。几年下来，他竟然蒙着眼睛也能拆装机械，只听声音就能辨别故障出在哪里。

80 年代初，国家第一机械工业部开始推广“群钻”技术，这是全国机电行业的一项重大革新，当时厂里还没人敢涉足。

（师弟林国强：这个难度很大，大家都打退堂鼓了，但我们盖工，他就每天不分中午晚上，他就一个人就在磨这个钻尾。)

经过反复试验，盖军衔磨出的群钻可提高钻头的一次刃磨寿命3至5倍，这个年轻的学徒从此在厂里有了点名气。这个时候，厦门设立经济特区，中国的改革开放开始在全国铺展。

1990年，国家机械部引进美国卡特彼勒装载机技术，厦工作为工程机械重点企业承担了整机装配任务。在最后的验收中，样机发生故障，美国专家正要判定不予通过，盖军衔凭借自己的经验和技术，大胆提出问题出在进口配件而不在装配过程。经过仔细检查，终于证实是进口的连接轴上挡圈漏装导致故障，美国专家由衷地对这位中国工人竖起了大拇指。

从装配工到工段长，从调度员到质管员，从车间副主任到售后工程师，只有小学文化的盖军衔，逐渐成长为高级技师和高级工程师。他为各类装载机的生产制造解决了近百项技术难题，为厦工创造的价值难以计数。

当年不想给师傅丢脸的学徒，在不断的学习和吃苦中，成了师傅最杰出的弟子，成为产业工人的骄傲。

3

南极有四个必争之点，极点、磁点、冰点和高点，前三者分别被美国、法国和俄罗斯先后攻克了，仅剩气候条件最为恶劣的冰盖最高点尚未被人类征服。2004年，中国决定组织一支极地科考队，远征南极之巅。

(中国极地研究中心副主任李院生：我们一起来厦工来请老盖再去南极，然后我们这次的任务就是登顶。)

（盖军衔生前采访：所以当时我也感到说我说，人生，也难得有这种，国家需要我们的时候，所以当时我说行，我再最后去一次。）

年过半百，一生劳碌，对工作过度的投入加上不规律的作息和饮食，老盖的身体积劳已久。南极冰盖最高点海拔4000多米，气温达到零下40度，对于身患高血压和糖尿病的老盖，意味着这可能是一次回不来的征途。

（同期声：一、二、三，祖国万岁。）

（勇士们，冲向南极冰盖最高点Dome-A，这次科学考察活动，是国际南极考察的一次重要的科学活动。）

（盖军衔：这个吊车好啦。）

（全部准备完毕，准时下达命令。）

（你们建功立业的时候到了，祖国在注视你们，我宣布，现在出发。）

2004年12月12日，为老盖过完50岁生日的第二天，一支由13勇士组成的远征队从南极中山站出发，向冰盖深处推进。一路上，科考队连续遭遇了“死亡陷阱”冰裂隙和漫天飞舞的“地吹雪”。更糟糕的是，在这个危急时刻，一件意想不到的事情发生了。

（老盖，出现什么情况了？）

（盖军衔：啊？）

（出现什么情况了？）

（盖军衔：轮胎坏了。）

（什么原因造成的？）

（盖军衔：啊？）

（什么原因？）

（盖军衔：被冰碴刮破了。）

作为茫茫冰原上唯一的交通工具，雪地车出现故障是很危险的，必须在最短的时间内解决问题。冒着被冻伤和出现高原反应的危险，老盖以最快的速度把雪地车修好了。科考队继续向前挺进，而老盖的体能却在一点一点地下降。

2005 年 1 月 7 日凌晨，经过 25 天的艰难跋涉，中国科考队距离冰盖最高点只剩不到 50 公里了，危险却在这个时候悄然逼近。

（盖军衔生前采访：记者他在传输那个资料，传那个资料。）

（南极队友金波：对，没电了突然。发电机那就相当于我们的生命线。）

零下 40 多度的冰天雪地，停电就意味着死亡。

（盖军衔生前采访：那我就赶快就冲到那个发电房里面去，爬上爬下，然后又要到舱顶去开那个透气管。）

老盖甚至来不及戴上手套，在冰冻的瞬间，他的手被黏掉了一层皮。一秒、两秒、三秒，地球最南端的低温冻住了时间。凭借老盖丰富的经验和娴熟的技术，发电机组终于恢复运转，而老盖却出现严重的高原反应和休克现象，倒在了发电机旁。

（随队医生童鹤翔：发现胸闷，呼吸困难，所以我考虑他可能有心脏方面的一些问题。）

再坚持一天就胜利了，但老盖的身体已经在一路的抢修中被耗尽，距离梦想已如此之近，而他的血压却在这个时候降到了最低点。为了队友们的胜利，老盖选择了放弃，流着眼泪告别队友，告别南极。

（盖军衔：记得成功的时候不要忘了我啊。）

（队友：那一定，一定。）

（队友：保重。）

2005 年 1 月 18 日，中国远征队终于登上了南极冰盖最高点，这个亿万年来寒冷孤独的地球“不可接近之极”，终于有了人类的足迹，而且是中国人的足迹。

（盖军衔接受采访：我没有最后，没有坚持到最后……）

当人们以英雄的礼遇欢迎这位南极战士凯旋时，老盖心中的遗憾依然挥之不去，他知道自己再也不可能踏上那片净土了。

4

告别南极后，盖军衔又投入到厦工装载机的售后服务工作中。遍布全球的经销商和用户们说，老盖就是一部装载机的活字典。

（厦工烟台代理商肖尔海：工作非常认真，所以有了他我们在装载机的故障，没有解决不了的事情，就这样说。）

几年间，老盖亲手培养了几十名售后服务工程师、上百名技术骨干、三千多名企业技工，对外培训用户则高达一万人。

然而，没有人知道，每一个不眠之夜，每一次泡面充饥，每一堂课，每一次出差，正在耗尽的是老盖的生命。2012 年 9 月，老盖承担了一个装载机 3D 教学软件的开发项目，又开始了几个月的不眠不休。

12 月 8 日，北京传来喜讯，盖军衔荣获中国第 11 届“中华技能大奖”，这是中国政府对工人技能水平的最高奖励。

（盖军衔生前采访：福建省到现在只有三位，对制造业来说可能我就是，唯一的一个获得这个大奖的，所以我自己都不敢想，当时在报的时候叫我报我都不敢报。）

这个最高荣誉似乎开始在总结老盖的一生，这时他已经感觉到身体越来越不舒服了。

（同事余作力：连续一个月一直咳嗽，所以，他也没去医院检查。）

（妻子王嫣明：我说你今天怎么那么早躺在床上啦，他说他今天觉得肝有点痛。）

妻子硬拉着丈夫去医院检查，这时教学软件的研发正在做最后的冲刺，老盖还忙着给培训班上课。奔忙中的他竟然不知道，自己的身体已经到了油尽灯枯的地步。

2012 年的最后一天，12 月 31 日，检查结果出来了，确诊为胰腺癌晚期，而且已经转移到了肝脏等全身八个部位。没有人能够想象，一个人的身体已经这样千疮百孔了，还能忍着疼痛坚守在岗位上。

（师傅余长吾：一下子接受不了，接受不了，真接受不了。）

（妻子王嫣明：他可能就看我流眼泪，他就说，哎呀，你不要伤心，他说，你就当我去出差，我反正也老出差不在家。）

5

2013 年的春节，老盖和家人是在病房里度过的。

（妻子王嫣明：儿子说可能这辈子，就这段时间跟他呆得最长。）

老盖知道儿子爱集邮，每到一个地方，都会用当地的邮票寄明信片回来，甚至把儿子的日记本带到南极，盖上邮戳。

病床上的老盖最牵挂的还是装载机，教学软件还剩下最后一点，他撑起虚弱的身体做着最后的努力。

（同事余作力：做不完了，对不起，这个事情你们一定要把它做完，我是没办法啦。）

（厦门厦工机械有限公司执行董事陈玲：他的生命已经是倒计时了，他还在想着这些。）

这个装载机教学软件成了盖军衔生命中最后的遗憾，就像当年南极最高点触手可及的时候，却不得不遗憾地转身离去。

2013年4月24日，老盖的病情急转直下，癌细胞已经在全身大面积扩散，妻子知道最后的时刻到了，再也无法对年迈的公公婆婆隐瞒下去了，得让老人家见儿子最后一面。

老盖的父亲祖籍山东，一生戎马，参加过抗日战争、解放战争和抗美援朝。父子相见，已是儿子弥留之时。

（盖总，盖总。）

（没办法了。）

（知道吗，伸直，好好好，伸伸伸。）

2013年4月25日零时35分，盖军衔停止了呼吸，安静地离开这个世界。

（师傅余长吾：不能替他，能替他我替他走，他对厦工还有用。）

（妻子王嫣明：刚开始我还觉得就是说，好像就是出差那种感觉，但是时间长了就会觉得，本来应该要回来了怎么还不回来，后来想一想他回不来了。）

按照盖军衔的遗嘱，妻子将一条老盖亲自写好的短信发送出去，作为对这个世界的最后告别：

“各位朋友大家好，当你收到这条短信的时候，我已离开这美丽的人间。我在西去的路上遥祝各位朋友健康长寿，这是盖军衔送给各位朋友的最后一个祝福。”

盖军衔走了，但是，装载机铭刻着他的名字，遥远的南极也会记住他的名字，让我们记住他的名字，一个普通的产业工人——盖军衔。

（作者吴木坤、李博、林振作、刘丽影，厦门广播电视集团厦视二套《党的生活》栏目 2013 年 6 月 30 日播出）

四、写作题（本大题共 2 小题，每小题 20 分，共 40 分）

1. 请根据下列材料撰写一则广播消息，300 字左右。
2. 请为你撰写的广播消息撰写一则编后话，200 字左右。

4 月 24 日，正在江苏扬州观看马拉松赛的苏州市民曾雅文见到了这样一幕——在 10 公里终点宋夹城公园，一群刚刚结束比赛的马拉松选手没有乘坐组委会准备的大巴车，而是把旁边的公共自行车“抢夺”一空。最后一个“抢”到车的小伙子喜上眉梢，刷卡、推车，一阵风似的骑走了。

如今，公共自行车在全国很多城市渐渐普及，成为鼓励市民低碳出行、运动健身的新方式。那么，公共自行车给市民生活到底带来了什么新变化？又给城市建设留下了哪些新课题？

走不太远就有站点

家住湖南省长沙市岳麓区咸嘉新村的林女士家离单位只有不到 4 公里的路程。恰好，她家门口和单位门口都有公共自行车站点，骑车大概 20 分钟，于是公共自行车就成了她上下班的主要交通工具。扬州市民王玥说，公共自行车在市里很流行，有朋友来时，他也习惯从附近的站点租几辆车，带朋友骑行游玩。

据悉，扬州市区（含江都区）已布放公共自行车约 12500 辆，站点达 400 个，在居民多、景点多的区域站点布局更为密集。记者随机采访的市民表示，如果遇到车不够或者车位不足的时候，走到下一个站点租车或还车都不会太远。

长沙市的公共自行车建设正在试点中。截至今年 1 月，在岳麓区和天心区两个试点区域共计完成 153 个站点建设，投放自行车 4000 辆，累计骑行量 17 万人次。在试点过程中，很多不在试点区域内的市民打市长热线咨询，希望自己所在区域能尽快纳入。

扫二维码就能租车

长沙市的公共自行车采用最为普遍的“售卡”制，据统计，今年前四个月，该站点售卡超过了 3000 张。售卡、充值、查询、挂失等，都要在具体网点或机器上办理。记者在某售卡网点遇到了一位康先生，他的“益通卡”失而复得，正是来取消挂失的。

同时，扬州市已经推广了“扫码租车”。曾雅文在扬州旅行期间，正是用这种方式实现了跨地租车。“先扫描站点的二维码，关注公众号后用手机号注册，用支付宝预存押金后就可以租车了。”她说，骑车出行比较自在，“外地人也能这样租车，实在很方便。”

“扫码租车”的方便快捷带动了市民和游客骑车积极性。

数据显示，“五一”三天假期，江苏省通过支付宝中“免押金”扫码租用城市公共自行车的人数达到了187318人，仅扬州市就超过了5万人使用。

交通配套还需跟上

长沙市岳麓区的陈阿姨没办租车卡，她表示，骑车本来是很方便，但是路一堵起来反而是走路更轻松。她经常路过的小巷两侧停满了私家车，骑车人在机动车之间穿梭，很不安全。康先生也表示，租车只是去公园骑着玩，上班却不敢。“很多路上都没有专门的自行车道，在马路上骑车有点担惊受怕的。”

“想要普及公共自行车，交通的配套建设一定得跟上。”据王玥介绍，扬州市的机动车车道和自行车车道大多用花坛隔开，自行车车道较宽，很少有私家车占道的情况发生，但也有烦恼，“电动车越来越多，骑车也得小心”。

目前，长沙市已经启动自行车道改造计划，试点区域内的自行车道及标识系统的建设已经取得了一定进展。“但建设进度仍不能满足公共自行车运营需要，影响骑行安全。”相关负责人说。

（记者孙超、张晔，《人民日报》2016年5月24日刊出）

模拟试卷（一）参考答案

一、单项选择题（本大题共 20 小题，每小题 1 分，共 20 分）

1. A　2. B　3. B　4. C　5. C　6. D　7. D　8. C
9. C　10. D　11. D　12. C　13. D　14. B　15. C　16. D
17. D　18. D　19. D　20. A

二、多项选择题（本大题共 5 小题，每小题 2 分，共 10 分）

1. ABCDE　2. ABE　3. BCD　4. ABCD　5. ABD

三、案例分析题（本大题共 2 小题，每小题 15 分，共 30 分）

1. 答题要点：

报道客观公正，平衡表达当事方的利益和诉求；不停留在事实表象，深挖背后的深层原因。

2. 答题要点：

在平实的叙述与自然的抒情中，表现了主人公盖军衔短暂而沉厚、平凡而伟大的传奇人生，成功塑造了盖军衔作为一个新时期产业工人的典型形象。叙述感人，节奏富有起伏变化、笔触细腻，线索清晰、主题突出、情绪饱满，可看性强、教育性强、感染力强。

四、写作题（本大题共 2 小题，每小题 20 分，共 40 分）

1. 答题要点：

提炼新闻事实，确定新闻要素；根据主题和事实特点确定消

息结构；根据结构和材料特点，确定导语类型、内容；表达符合广播规律；语言通俗、简洁、清晰，具体形象。

2. 答题要点：

紧扣消息主题和新闻事实，议题单一集中，开门见山，直截了当，短小精悍，控制在 200 字左右。

《广播电视业务》模拟试卷（二）

1. 笔试题满分为 100 分。
2. 笔试考试时间为 150 分钟。
3. 考试方式为闭卷考试。
4. 试题类型包括选择题、案例分析题、写作题。

一、单项选择题（本大题共 20 小题，每小题 1 分，共 20 分）

1. 客观事物矛盾运动的（　　）特性，决定了新闻采访活动的持续性。

A. 稳定性　　B. 同一性

C. 阶段性　　D. 对立性

2. 选择和衡量新闻事实的客观标准是（　　）。

A. 新闻价值标准　　B. 新闻政策标准

C. 新闻宣传标准　　D. 新闻机构自身的编辑方针

3. 对新闻编辑“把关”作用的影响，以下选项中（　　）不属于媒体机构定位的内涵。

A. 编辑个人定位　　B. 传播对象定位

C. 专业角色定位　　D. 社会角色定位

4. 以下对新闻连续报道的描述不正确的一项是（　　）。

A. 连续报道应以时间为顺序

B. 连续报道应随着事件的发生、发展的进程而展开

C. 各次报道之间的顺序可相机变动

D. 每次报道都应有新的依据

5. 以下对广播新闻采录中音响真实的描述不正确的一项是(　　)。

A. 所采录的音响必须是所报道的事物或人物，以及与报道内容确有关联的事物或人物本身发出的声音

B. 记者在采录音响时，不能按照自己的主观意图，对采访对象进行“导演”和摆布

C. 采录新闻现场实况音响要自然，采录人物讲话尤其要注意自然

D. 非主体音响，比如环境音响和背景音响，可以后期进行人工模拟

6. 新闻标题《俩小学生当街闹分手：你的辣条是我买的》，突出了新闻价值中的（　　）。

A. 接近性　　B. 重要性

C. 显著性　　D. 趣味性

7. 广播电视新闻写作的基本方法是（　　）。

A. 用事实说话　　B. 编辑评论

C. 专家发表权威意见　　D. 事实叠加评论

8. 以下对新闻导语的描述不正确的一项是（　　）。

A. 导语起到提示新闻要点与精华、引导视听的作用

B. 导语在内容及语言上，要与新闻主体协调一致，相互呼应

C. 导语一般要突出最具新闻价值、最有吸引力的事实

D. 广播电视消息的导语，要概括全部新闻要素

9. 以下对延缓式导语的描述不正确的一项是（　　）。

A. 不直接陈述主要新闻事实

B. 运用描写、气氛渲染、解释、设问等手法先交代相关信息，再引出主体新闻事实

C. 生动有趣，能以形象的画面引起受众的好奇

D. 广播电视消息最适宜采用延缓式导语

10. 导语之后，新闻主体按新闻事实的重要程度或受众的关心程度排序的一种结构是（　　）。

A. 倒金字塔结构　　B. 正金字塔结构

C. 时间顺序结构　　D. 逻辑关系结构

11. 对广播电视新闻专题特点描述不当的一项是（　　）。

A. 广播电视新闻专题往往是应深入、具体、详尽地报道某一重大新闻事件或典型新闻人物、新出现的社会现象等

B. 广播电视新闻专题不必具备新闻诸要素，关注重点在于“为什么”（Why）和“如何”（How）这两个要素

C. 在用事实说话的基础上，捕捉能够更容易被受众感知的声音形象或视觉形象材料

D. 运用多种表现手法，可以有恰当的描写、抒情和议论，并可使用音乐、音响、特效等其他符号手段

12. 一切新闻类节目的最基本原则是（　　）。

A. 真实　　B. 客观

C. 公正　　D. 平衡

13. 编后语旨在补充和深化报道的主题，它属于（　　）。

A. 编辑部评论　　B. 编者评论

C. 记者评论　　D. 专家评论

14. （　　）角度有利于表现被摄对象的运动姿态、富有变化的轮廓线条，以及事物的运动特点。一般用于拍摄活动中的人物和其他运动物体。

A. 正面方向拍摄　　B. 正侧面方向拍摄

C. 斜侧面方向拍摄　　D. 背面方向拍摄

15. 新闻传播活动的“集大成”和总把关是（　　）。

A. 新闻采访　　B. 新闻写作

C. 新闻编辑　　D. 新闻评论

16. 以下对新闻报道的策划描述不当的选项是（　　）。

A. 根据栏目编辑思想，确定一定时期的报道中心与重点

B. 制定出报道时机和规模、方式等传播策略

C. 大型报道活动的设计与组织实施

D. 预测事件的发展动向，从而策划新闻事实

17. 以下对新闻编辑工作描述不当的选项是（　　）。

A. 新闻编辑的职责在于组织报道新闻事实

B. 新闻编辑工作内容包括对记者采写稿件的修改、润色

C. 新闻编辑可以根据新闻报道内容撰写与之相配的言论，对新闻事件直接发言，阐明观点

D. 新闻编辑工作囿于记者采写稿件的限制，无法对新闻素材进行“再认识”与“再创造”，也无法通过新闻稿件表达对新闻事实的评价

18. 新闻评论的首要和基本特征是（　　）。

A. 新闻性　　B. 评论性

C. 时效性　　D. 宣传性

19. 一篇新闻评论的筋骨和脊梁或灵魂和主旨是（　　）。

A. 论点　　B. 论据

C. 论证　　D. 事实

20. 电台和电视台中规格最高、最具权威性的评论形式是（　　）。

A. 本台评论　　B. 本台短评

C. 编后话　　D. 新闻述评

二、多项选择题（本大题共 5 小题，每小题 2 分，共 10 分）

1. 求新性要求新闻记者所要采访的新闻事实具有（　　）特点。

A. 新鲜　　B. 新近发生

C. 稳定　　　　　　　　　　　　　D. 发展

E. 变化

2. 以下对广播电视新闻现场采访的特点描述正确的选项是（　　）。

A. 记者选择恰当的观察位置，以利于观察的清晰、准确和全面，以免漏掉关键新闻线索

B. 记者以新闻事件的目击者和记录者的身份进行观察和采录，切忌以参与者的角色介入新闻现场

C. 记者应避免按照固有的采访提纲进行观察和采录，而要充分调动自己的知识积累，积极主动、灵活机动地随机调整采访计划

D. 记者要有一定的预见性，把握事件发展的脉络，预见事态发展的可能性和方向

3. 广播电视新闻采访的要求主要包括（　　）。

A. 熟悉带机采访

B. 完成信息采集

C. 灵活把握记者角色

D. 熟练操作摄录器材

E. 注重分工协作

4. 以下对新闻线索的描述正确的选项是（　　）。

A. 新闻线索能够触发新闻记者的新闻敏感

B. 新闻线索可以指明新闻采访的去向

C. 新闻线索的价值可以决定新闻报道的质量

D. 新闻线索即新闻事实

E. 新闻线索决定新闻价值

5. 关于图片报道规范，以下说法正确的是（　　）。

A. 新闻图片要真实、客观、公正地呈现事实

B. 未经拍摄对象同意，不得拍摄与公共利益无关的私人生活照片或影像

C. 为了有更理想的效果，图片拍摄中可适度进行摆拍

D. 图片说明使用中性词，不歪曲事实，不误导公众，不做无事实根据的暗示或影射

三、案例分析题（本大题共 2 小题，第 1 小题 15 分，第 2 小题 20 分，共 35 分）

1. 请分析下列广播消息的结构特点。

爱心联动，援救早产婴儿

一名早产三个多月的婴儿生命危在旦夕，经过多方爱心联动，紧急救援，婴儿最终转危为安。请听江西台记者采制的录音报道：《爱心联动，援救早产婴儿》

今天（3 月 24 日）上午 9 点左右，赣 FX1393 抚州“的哥”邓辉在抚州人民医院门口搭载了一名早产婴儿，急需送往江西省儿童医院抢救。这名早产婴儿只有一斤八两，部分器官没有发育完全，随时都有生命危险。为了争取抢救时间，9 点 29 分，邓辉师傅打电话向江西交通广播求助。

出录音：“他是提前多久早产的婴儿？

提前了三个多月吧。天亮的时候生下来的吧！要到南昌去，在抚州治不了。我就是打个电话，叫南昌出租车在昌东把他们直接带过去。因为我路是认识，怕一下堵车耽误人家时间。

你预计自己有多久能够到达昌东那块？

差不多 40、50 分钟吧。”（录音止）

时间就是生命，危情就是命令，一场救援大行动随后拉开序幕。江西交通广播立即启动《突发事件应急报道方案》，和江西省儿童医院及南昌交警展开联动。

9点39分，江西省儿童医院新生儿科专家陈丽萍，通过广播给这名早产婴儿的父母，提供了紧急情况下的临时护理措施。

出录音："首先保暖是非常重要的，手脚要暖和，要给予一定的保温措施，但是也不能包到头，让他呼吸要畅通哈。对对对！还有一个，要注意他面色的情况，还要看下他呼吸的运动怎么样。"（录音止）

与此同时，爱心接力得到南昌车友的积极响应。很多司机给江西交通广播打来电话，表示可以立即赶往接应。9点48分，赣AX2135南昌出租车司机余志江已经赶到了南昌东收费站。

出录音："余师傅，听说你是第一个赶到现场的，是吗?

呃对，因为我刚好在那瑶湖附近嘛。有一位姓涂的师傅也要过来，他在北京路，我可能比他快一点。这个时候肯定是快点好。对对！所以说我让他不要去，我过去快一点。"（录音止）

10点23分，早已等候多时的南昌"的哥"余志江，在南昌东收费站的出口处，从抚州"的哥"邓辉手里接下了爱心接力棒。车辆打开双闪，载着这名急需抢救的早产婴儿，开进南昌城区。

10点29分，江西交通广播再次发布路况提醒：

出录音："现在AX2135出租车准备往青山湖隧道，从阳明东路通行。我们提醒司机朋友，看到这辆赣AX2135的绿色捷达（车），最好是为他们让下路哈，争取救治时间。"（录音止）

10点43分，通过南昌城区三个交警大队的警车开道、引导，余志江师傅顺利地将早产婴儿送抵省儿童医院。

出录音："出了瑶湖大桥的时候也有交警在那里，他看见我车子来了，就是红灯也让我走掉了。他们交警大队的也帮了很大的忙。还有一个东湖交警，跑到阳明路隧道那里，他们都是一路绿灯，帮我们为了争取时间嘛。

像平时如果说没有交警帮助，你到达省儿童医院的话，一般需要花多长时间？

那至少要40分钟左右。

要40分钟。那这次在一路畅通的情况之下到达是花了多少时间？

只花了22分钟。我看了一下时间，挺快的。

那基本上是节省了一半的时间。

基本上就是没停，对。"（录音止）

据记者最新了解，经江西省儿童医院及时抢救，这名早产婴儿已经脱离了生命危险。私家车主何女士给江西交通广播打来电话说："我开车在阳明路上听着广播，正好看到那辆AX2135绿色捷达从我旁边经过，我当时眼眶都湿了。"今天，众多网友也通过江西交通广播官方微博得知了婴儿脱险的消息，网友"昌南小凡"留言："爱心无价，感动南昌。"网友

“盼盼小瑜”留言：“是爱的力量，让我们的心紧紧相连；是爱的力量，让我们见证生命的奇迹。”

（作者杨燕，江西广播电视台信息交通频率《新闻播报》2012年3月24日播出）

2. 分析下列电视评论的特色。

民生工程为何不得民心?

（前主持）第一批党的群众路线教育实践活动已经进入到查摆问题、开展批评环节，在南京，正在实施的雨污分流工程中暴露的问题，成为活动中群众反映最多、最强烈的问题。原本一项打基础、利长远的民生工程，为什么遭遇那么多的质疑和声讨？这背后，对我们城市建设和管理的决策和实施过程，又有着怎样的警示？

（字幕）地点：秦淮区止马营小区

（解说）2012年11月27日，止马营小区的雨污分流工程开工建设，历时一年才算基本完工。

（同期声）止马营小区居民

雨污分流哎，里面搞得一塌糊涂。你看人跌倒的，你看这个路，一下雨都是水。

记者：不是原来你们小区路就破破烂烂的吧？/不是，我们原来小区好好的。

（解说）为了让记者有直观感受，居民们首先拿来洋镐，打开了一个据说是五年前施工建设的污水窨井。

（同期声）止马营小区居民

这是过去做的，原来施工的。（用洋镐敲击内壁）比比瞧。

（解说）就在老窨井几米开外的新窨井内，记者却看到了这样的场面。

（同期声）止马营小区居民

你看看那个糊的，那是糊弄人的。一碰就散了，一碰就散了。

（解说）那么，刚刚完工的止马营小区雨污分流工程，效果如何呢？这就是新建成的雨水管道。从楼顶汇聚的雨水，从这根管子中直接流向地面。

（同期声）止马营小区居民

记者：这个就是雨水管。（哎。）雨水管敞开了，是吧？（哎。）

（同期声）止马营小区居民

按道理讲雨水管是接雨水哎，它现在不是雨污分流，它这个设计是雨污合流。

（现场展示）记者用脚展示雨水管并未下地，而是悬在半空中。

（解说、抠字）“雨污分流”简而言之就是“雨水入河、污水进厂”，减少水污染、改善水环境，切实提升市民的生存环境和生活质量。根据2010年公布的“雨污分流”计划，该工程将斥资183亿元，从2010年初至2014年底，5年内铺设500公里污水干管，完善3000个居民小区及单位近2000公里排污支管。然而，这一功在当代、惠及子孙的民生工程却受到了市民的普遍质疑。

（同期声）六合区山潘小区居民欧金兰

水污没有分流，我们的大小便都排到雨水管里面了。

（同期声）鼓楼区慈悲社社区居民

就这一条路最起码挖三遍。

挖了五遍。

三天两天水管就爆了，水管就这么粗一点点，一挖断掉了。

反正停气停水好几次。

（同期声）秦淮区石榴园居民

我们家女儿就睡这个房间，我们帘子都不敢拉，一直都是关着帘子，大白天都拉帘子。他们睡觉起来就在这里小便，要不就是裸洗，你穿个三角裤头洗也行哎，光屁股就在这里洗澡。

（同期声）鼓楼区慈悲社社区居民

这是临时铺的。

记者：你讲的是我脚下这个吗？

这是临时铺的，以前都没有，昨天一大早市领导来了，来了几十个人，又是电视台又是什么的，昨天弄了几十个人保安在这块子。搞形式主义。

（同期声）秦淮区止马营小区居民

我们讲你豆腐渣工程，他说你晓得什么啊，一百万的工程，我们只能拿到七十万，那三十万是回扣。

（同期声）鼓楼区二条巷居民

讲起来是为老百姓解决问题，没有为老百姓解决问题，你看这边你能走得通吗？

（解说）由于2005年前建成的小区基本没有实施雨污分流，为赶进度，今年全部“开挖”。现在，南京主城不少区域几乎一百米左右就可看到一处围挡施工、到处都在“修路”的状况，淹水、堵塞交通、污水横流，投资高、见效慢等问题，引起种种追问，其中，质疑工程意义的占 47%，反映施工扰民的占 48%，工程质量等其他批评意见占 5%；而在施工扰民的意见中，噪音占 34%，影响交通出行占 20%，反复开挖占 13%，其他关于泥浆、扬尘、停水、断气等意见占 33%。

那么，这么一项民生工程，产生这么多的问题，原因究竟何在？

（字幕一）“民生工程不得民心”原因之一：缺乏对民意的尊重，缺乏务实的工作作风。

（同期声）新华社高级编辑牟维旭

民生工程的关键是个“民”，你心里有老百姓，老百姓心里就会有你。如果你心里没有老百姓，只想着这是我的政绩，这是我的工程，这是我的重点工程，我要把它怎么怎么的，你们不要怎么怎么的。如果这样的话，你心里没有老百姓，只有你自己。所以，你满意了，老百姓不满意。

（解说）这里是六合区山潘小区。居民们让记者看了这样一个雨水井，他们称之为“聋子的耳朵”。（倒了四桶水后，窨井被灌满。）

（现场）记者：我们看一下，刚才这个师傅把这个窨井灌满水的时间是 15 点 42 分。

（叠画处理）

（画面）手机时间特写：15 点 51 分

（现场）记者：8 分钟过去了，它的下水的尺寸大概是多少？（用卷尺量）……6 个厘米。

（解说）经过现场测试，这个雨水井以每分钟不到一公分的龟速缓慢地排着水。

（同期声）六合区山潘小区居民

做个式样摆在这里搞个形式哎，形式主义。

（解说）山潘小区原定于今年3月底结束的雨污分流工程，一直拖延到了10月份才结束。

（同期声）六合区山潘小区居民欧金兰对话施工负责人何国民

何：这个水应该是分开的。

另一个施工负责人：绝对分开的。

欧：没有，你不相信打开看嘛。

另一个施工负责人：这个地方有图纸的，我们不是随便搞的，这个你可以放心，绝对不可能的。

欧：我们打赌。

施工人员：这个是雨水井，那个是污水井。

欧金兰：你看，有大便吧？还有卫生纸。

（解说）

只注重建设规模，忽略了群众感受；只注重任务的完成，忽略了群众反映具体问题的解决；只注重工程建设进度，忽略了建设过程的管理；只注重工程目标的实现，忽略了群众切身利益的维护。而在工程推进过程中，建设信息公开不全面及时，开工告知不足，群众反映、投诉渠道缺失，遇到问题，居民只能向民工反映，诉求得不到及时有效解决，一些好的意见建议也不能被及时采纳。

发现雨污分流实质为雨污合流后，山潘小区的居民欧金兰曾多次找到相关单位反映问题，但却一直无人回应。

（同期声）居民欧金兰

跟他们讲过多少遍他们没人理我们。

（解说）

负责工程的南京市住建委承认，在工程实施的过程中与市民的沟通的确太少，群众缺乏心理预期。

（同期声）南京市住房与城乡建设委员会副主任何金雪

这种不到位，更多的是为了完成任务的指标，没有让广大的老百姓全面的参与，没有让老百姓来表达他们的意见和诉求。

（同期声）鼓楼区二条巷小区居民

不要同时几条线一阵搞，稍微让我们有点儿出行的地方。

（同期声）大铜银巷66号小区居民

实际上政府部门已经做了好事，怎么样做得更好，这就需要我们要更贴心的来为百姓着想，要换位思考。

（字幕二）“民生工程不得民心”原因之二：缺乏对建设规律和科学的尊重。

（解说）系统规划滞后，工程设计粗糙，是雨污分流工程中的首要问题。项目没有经过充分的前期调查和细致摸底，导致设计深度不够，给工程后继实施带来困难，工程变更较多，投资难以把控。外地设计单位对南京情况尤其是地下管线情况不熟，本地设计力量又有限，对雨水、污水两套体系也缺乏研究，导致工程出现较多错位。工程设计没有以充分调查为基础，有的地方甚至没有图纸就开始施工。现场施工也没有较好地进行开工前的准备，造成工序衔接不畅和窝工、怠工，影响计划工期兑现。有业内人士说，工程只用了一个月立项，2个月来测绘，2个月设计，剩下7个月来干活，怎么可能科学？

（同期声）鼓楼区慈悲社社区居民

你看这挖挖停停，你看这儿，你看。

（同期声）鼓楼区慈悲社社区居民

我问过他们的，他们说每个人做得不一样，自来水是自来水，他说煤气是煤气，说分几家……

记者：就是大家没有把这个衔接好。

哎，没有衔接好。就像这个门口挖了不止七八次了。

（同期声）鼓楼区慈悲社社区居民

这个才挖过了填起来，那个又扒掉重挖，既搞自来水、又搞煤气管道、又是那个搞污水的，我的妈哎！

（同期声）鼓楼区华侨路街道慈悲社社区党委书记杨惠宇

他们对地下的管网研究的不到位还是什么的，挖开来一看有问题了，你不能老挖开来不管，只能先回填，然后再来研究方案。

（解说）在雨污分流工程的实施中，建设目标的确定超出实际承受能力，求大求全。以新街口—鼓楼片区为例，4.5平方公里的老城区要在一年时间内，对15条街巷、91个片区全面实施雨污分流，埋设6万米的污水管。而且，城市污水厂和主管道这些“大动脉”没建好，小街小巷的“毛细血管”就全面铺开，就算建好了也没法投入使用。

（同期声）新华社高级编辑牟维旭

我觉得科学性是很重要的，就是要从实际出发，量力而行。既要考虑到这个工程的必要性，也要考虑到这个城市的承受能力。

（同期声）南京市住房与城乡建设委员会副主任何金雪

市里面相关部门在这个方面的考核要求：任务没完成的超过10%，那就责令要检查。（没完成超过）20%的，那就是要免职。（没完成超过）30%的，那就是要撤职。这个压力是非常大的。这可以说是史上最严格的考核。所以想让他理性，想让他停下脚步，有时候蛮难的。

（解说）何金雪坦承，像雨污分流这样的浩大工程，解决的是城市基础设施的薄弱环节，需要一个持续、完善的方案，而不是现在"一拍脑袋立即决定、全面铺开"，这也导致短时间内全城近百个工地突然同时开工。

（字幕三）"民生工程不得民心"原因之三：没有建立有效的管理机制，导致粗放组织、粗放管理、粗放设计、粗放施工。

（解说）缺乏统筹的建设必然要付出代价。为了完成计划进度，工期安排过于集中，短期内各类工程建设交织，带来城市运行巨大压力。施工及监管力量的严重缺失，导致工程质量参差不齐。本片开始所报道的止马营小区雨污分流，就存在工程发包违规，中标单位违法转包的情况，而且，施工队由民工临时拼凑而成，整个项目部没有一名技术人员。施工中也是偷工减料。在平家巷、慈悲社雨污分流施工现场，记者连续调查两天，竟然没有找到一位施工单位负责人。

（同期声）通达市政工作人员

记者：师傅，你们负责人在哪边？

我们负责人还没来呢。

记者：没来啊？

他们是领导还没上班呢。

（同期声）南京市住房与城乡建设委员会副主任何金雪

大体量跟我们建设的组织力量配备问题。一个区住建局也就是一二十号人，要承担这个区里面乃至市里面下达的一系列任务，一个公务人员要承担有的多的几十个项目，他是跑不过来的。

（解说）在许多工地，监管形同虚设，施工单位之间推诿扯皮也属常态。

（同期声）平家巷、慈悲社街巷雨污分流投诉电话负责人刘家德

记者：为什么这边搞了5个月，到现在为止都没有搞好？

我跟你讲这有几个原因，有小区出新、有雨污分流、还有煤气，还有其他的方方面面，不是一个队伍，好几个队伍。

（解说）责任界限不明晰也是造成管理混乱的重要原因。在整个工程的组织中，市级承担主次干管，区级承担街巷及片区支管建设，但在实际操作中，市级对项目管理介入过多，影响区里积极性发挥；区里对工程重视度不够，力量也相对薄弱，无论是管理人员还是专业化水平，都难以满足如此巨大工程的要求。此外，建设资金紧张，制约工程推进。今年上半年，工程完成立项83亿元，实际完成投资41亿元，累计拨付资金不到30亿元。

针对雨污分流工程中存在的问题，南京市住建委表示，将于近期拿出切实有效的整改方案，不让民生工程失去民心！

（后主持）一个旨在为市民的长远利益“办好事实事”的工程，为什么没能得到大多数市民理解，为什么那么多人吐槽？前期方案粗放，施工环节脱节，时间过长，扰民现象严重，实施的项目效果老百姓不认可。这些表面上看是施工过程中的管理问题，实际上就是官僚主义和形式主义的典型表现。一切为了群众，一切依靠群众，从群众中来，到群众中去，这是党所创造的一种科学领导方法和工作方法。民生

工程不得民心，这让我们反思：究竟应该怎么到群众中去，从群众中来，究竟怎么样真正依靠群众？“雨污分流”这项工程就是一面镜子！

（集体创作，南京广播电视台新闻综合频道《东升工作室》2013 年 10 月 3 日播出）

四、写作题（本大题共 2 小题，第 1 小题 5 分，第 2 小题 30 分，共 35 分）

1. 根据下列材料，为电视消息撰写一则导语。

2016 年 1 月 5 日中午，回盐城探亲的 22 岁士官范华晨在江苏盐城市第一人民医院附近一家快餐店吃饭，在座位上捡到一只黑色的皮包，里面装有现金 28.5 万元。范华晨随即报警，后在盐城市公安局亭湖分局先锋派出所民警的见证下，将这笔巨款还给失主戴先生，并得知，这笔钱是戴先生家人看病的救命钱。

事后，亭湖区见义勇为办公室为范华晨申报了盐城平安好人。3 月，范华晨被评为盐城平安好人，市见义勇为基金会奖励他 3000 元。因为范华晨已经回了部队，4 月 20 日，由他父亲代领奖金和证书。“这笔奖金不仅没花，他还想从自己的工资中拿出 2000 元，一起捐给市见义勇为基金会。”范华晨的这一想法得到父母的支持。4 月 29 日，范华晨将 5000 元汇给盐城市见义勇为基金会。

2. 根据下列材料，撰写一则适合在湖南省级电视台播出的消息，300字左右。

通过科技创新，促进供给侧改革，成为现代农业发展的必然要求。

5月17日至18日，“首届粮食科技成果转化对接推介活动”在武汉举行。这是国家粮食局为落实国家关于促进科技成果转移转化的五项政策措施，切实把“科技兴粮”战略落到实处，在“第十一届粮食科技活动周”期间组织的一次重要活动。

该活动搭建了一个粮食科技创新、应用与合作的有效平台，吸引了全国科研院校、企业、粮食管理部门等500多家单位参会。

湖南粮油企业、科研机构组团参加，湖南省粮食局局长张亦贤亲自带队，湖南粮食集团、湖南省粮科院等20余家企业和科研机构参加交流活动。湖南粮食集团“生物发酵降镉技术”“沁香一号”“光伏发电”“速冻鲜湿米粉”“高杂粮豆含量营养挂面”等8项科研项目及应用成果在会上大放异彩。

国家粮食局副局长徐鸣对湖南的粮食科技成果转化工作大加赞赏，在展会现场指着裕湘“谷膳”宣传画面说：“这就是科技成果转换的典型。”

首届粮食科技成果转化对接推介活动举行

“促进科技成果对接”是此次活动的主题所在，各路专家盛赞此次活动“接地气”，切实解决现代农业发展所面临的实际问题。

据介绍，在活动举办前期进行了企业需求、科技成果征集，国家粮食局共收到400家企业反馈的技术难题和科技需求，140多家科研院校提供科技成果472项，涵盖了粮食加工、油脂加工、仓储物流和粮食检测等技术领域。在此次活动中，各个企业可以根据企业发展的需求，寻找最好的解决办法和技术支持。

数据显示，目前我国粮食行业中小企业居多，通过科技创新提升产业实力的需求巨大。经对企业需求和科技成果的初步分析，有大约一半以上的企业需求可以得到现有技术成果的支持，有近1/3的需求与科研单位现有研发方向趋同。目前，企业与科研机构开展合作已有明确的基础，供需双方需要一个交流平台。此次活动通过粮食企业与科研院所、高校之间的多重对接，切实把“科技兴粮”战略落到实处，加快粮食科技成果转移转化，促进建立以企业为主体、市场为导向的产学研紧密结合的创新机制，为粮食产业经济发展提供强大动力。

据悉，此次活动现场发布了制定粮油加工业“十三五”发展规划的建议、实施国家科技成果转化引导基金政策、粮食行业贯彻国务院促进科技成果转化政策的具体措施、关于规范粮食行业信息化建设的意见解读。活动围绕“科技成果对接”“科研机构对接”“科技人才对接”展开。此外，还举办了由粮食行业资深专家主讲的粮食科技大讲堂、科研单位与粮食企业合作的签约仪式。

湖南携“光伏发电”“速冻鲜湿米粉”等多项目参展

湖南向来是农业大省，此次活动，湖南农业企业积极参与。

湖南粮油企业、科研机构组团参加，湖南省粮食局局长张亦贤亲自带队，湖南粮食集团、湖南省粮科院等20余家企业和科研机构参加交流活动。

湖南参展团携多项技术参展，引起全国农业同行的强烈关注，其中，湖南粮食集团参展的“生物发酵降镉技术”“沁香一号”“光伏发电”“速冻鲜湿米粉”“高杂粮豆含量营养挂面”等8项科研项目及应用成果大受欢迎。

据介绍，“生物发酵降镉技术”是针对大米镉超标问题所研制的，在大米加工环节进行去镉，降镉率达到80%以上，成本仅需每吨40元。“光伏发电”是充分利用现有仓储屋面，铺设晶硅太阳能电池组件，不仅能增强对屋体的保护，还能使得粮仓降温3℃至5℃，所发电不仅能满足生产需求还能结余输出，每年节约成本达到一千万元。

湖南展团带来的技术成果大受欢迎，交流活动期间，湖南粮食集团展台前人流攒动，展示的科研成果备受关注，宣传资料很快就一抢而空。一位前来参观交流的代表拿起“沁香一号”稻种仔细端详，赞叹道：“这个米不错，好长啊，真香。”他转身又问工作人员“这种子你们对外出售吗？”

湖南省粮食局局长张亦贤密切关注参展湖南企业的发展状况，对参展湖南农业企业进行了巡展，在湖南粮食集团展位，张局长询问了该集团在科研方面存在的难题，并了解相关科研项目的进展情况，在现场品尝了裕湘谷膳面条。最后，他还慰问了在现场的集团工作人员，称赞他们展示了湖南粮食行业良好的形象。

裕湘“谷膳”获赞“科技成果转换的典型”

湖南农业在科技成果转换方面获得的成就也得到国家粮食局领导的充分肯定。

在巡展期间，国家粮食局副局长徐鸣来到湖南粮食集团展位，他认真地查看了集团的每一幅科研成果展板，并仔细询问了相关科研项目的具体情况，“湖南粮食集团搞得不错，去年我去过”，他对身边的随行人员说道。徐局长指着墙上的“谷膳”面条的宣传画对随行的人员说：“看，这就是粮食科技创新和成果转化的典型。”他表示，科技成果转化是科技工作的“牛鼻子”，全系统要按照党中央、国务院决策部署，按照供给侧结构性改革要求，搞好科技知识普及和科技成果普及，实现粮食科技成果、人才团队、科研机构与粮食企业有效对接，真正为粮食产业经济插上科技的翅膀，助力粮食这个传统行业展翅高飞。

据了解，“谷膳”系列面条是裕湘食品公司与国家粮科院共同研发的新产品，杂粮含量高达51%以上，一位来自广东汕头的代表看完裕湘“谷膳”面条实物产品之后，拿着名片激动地表示希望与集团进行合作：“我要做你们谷膳面条的汕头总经销。”

（记者肖祖华，通讯员李坤，《三湘都市报》2016年5月23日刊出）

模拟试卷（二）参考答案

一、单项选择题（本大题共20小题，每小题1分，共20分）

1. C　2. A　3. A　4. C　5. D　6. D　7. A　8. D
9. D　10. A　11. B　12. A　13. B　14. B　15. C　16. D
17. D　18. A　19. A　20. A

二、多项选择题（本大题共5小题，每小题2分，共10分）

1. ABDE　2. ACD　3. ABCDE　4. ABC　5. ABD

三、案例分析题（本大题共2小题，第1小题15分，第2小题20分，共35分）

1. 答题要点：

报道以开头概述核心事实，留下悬念，后以时间为线索，抓住各个重要的时间节点，采取多向互动、现场传声等多种方式，对救援过程进行了全程追踪。叙述自然流畅，突出了广播报道突发事件报道的优势。

2. 答题要点：

该片通过详尽的事实和深入的分析，对南京市引发民怨的大规模雨污分流工程进行了批评。全片观点鲜明，逻辑缜密，语言和画面表现力强，体现了电视评论“形象化政论”的特点。

四、写作题（本大题共 2 小题，第 1 小题 5 分，第 2 小题 30 分，共 35 分）

1. 答题要点：

材料中最主要的新闻事实点是小伙子捡到 28.5 万元还失主，获奖 3000 元捐出 5000 元，在导语中可突出这一新闻点。

2. 答题要点：

注意接近性和实质新闻内容，要提炼出湖南本地观众感兴趣的精华信息。根据主题和事实特点确定消息结构；根据结构和材料特点，确定导语类型、内容；表达符合电视规律；语言通俗、简洁、清晰，具体形象。

《广播电视业务》模拟试卷（三）

1. 笔试题满分为 100 分。

2. 笔试考试时间为 150 分钟。

3. 考试方式为闭卷考试。

4. 试题类型包括选择题、案例分析题、写作题。

一、单项选择题（本大题共 20 小题，每小题 1 分，共 20 分）

1. 新闻传播活动的前提和基础活动是（　　）。

A. 新闻采访　　B. 新闻写作

C. 新闻编辑　　D. 新闻评论

2. 新闻的本源是（　　）。

A. 信息　　B. 消息

C. 观点　　D. 事实

3. 以下对新闻线索描述不正确的一项是（　　）。

A. 新闻线索就是一种特殊的新闻事实

B. 新闻线索中也有的是反映一种假象，与实际情况的距离很大

C. 新闻线索只是一种片断的情况，只反映事实的一个简略轮廓或者一些零碎的材料

D. 新闻线索一般没有过程，没有细节，新闻要素残缺不全

4. 以下对新闻新鲜性描述不正确的一项是（　　）。

A. 新闻报道距离新闻事实变动的时间差越小，就越有新闻价值

B. 时间不新鲜，即使内容新鲜的事实，也不具备新闻价值

C. 旧闻成为新闻一定要有充足的时间由头

D. 新近发生的事实，如果不能及时报道，新闻也会变成旧闻

5. 以下对新闻连续报道的描述不正确的一项是（　　）。

A. 连续报道记录了事态发展的整个过程，从事件发生到追踪到结束，应有头有尾完整无缺

B. 报道内容承上启下，连续、衔接，呈线性分布

C. 在事态进展过程中进行报道，时间跨度较大

D. 每次报道都应有新的依据

6. 不属于编辑工作中新闻选择标准的一项是（　　）。

A. 新闻业务标准

B. 新闻政策

C. 新闻机构自身的编辑方针

D. 记者自身的喜好

7. 以下对新闻录音采访的描述不正确的一项是（　　）。

A. 重大题材录音报道，可以事后补录

B. 录音采访前，要详细了解采访对象的基本情况和有关背景材料

C. 注意抢录典型音响，使新闻报道真实可信富有感染力

D. 摆脱“音响十分清楚干净”的束缚

8. 以下对广播电视新闻时间顺序结构的描述不正确的一项是（　　）。

A. 导语之后，主体根据新闻事件发生、发展直至结束的先后顺序来安排层次，展示事件的进程

B. 这种结构保持了新闻事实原貌和进展的完整性，行文自然，线索清楚，符合受众接受信息的习惯

C. 叙事与事件的客观进程一致，便于听众了解新闻事件的来龙去脉

D. 符合受众的视听习惯，有利于突出新闻中最重要的事实

9. 批评类的报道中，通过（　　）让事实说话，是一种常用的方法，即记者目击记录，使受众身临其境。

A. 再现场景　　B. 背景材料

C. 直接引语　　D. 典型事实

10. 对新闻报道的价值与作用，说法有误的一项是（　　）。

A. 传递信息和沟通情况

B. 为受众传播知识

C. 指导政府机关工作

D. 通过媒介开展批评和实行监督

11. 报道将最重要、最精彩的事实放在最后，按照新闻事件的发生顺序或事件的因果关系等来安排组织材料的结构是（　　）。

A. 倒金字塔结构　　B. 金字塔结构

C. 时间顺序结构　　D. 逻辑关系结构

12. 新闻标题《故宫六大宫殿百年来首次亮灯》，突出了新闻价值中的（　　）。

A. 接近性　　B. 重要性

C. 显著性　　D. 趣味性

13.（　　）是指新闻事实之外，对新闻事实或新闻事实的某一部分进行解释、补充、烘托的材料。

A. 消息导语　　B. 新闻主体

C. 新闻背景　　D. 消息结尾

14. 以下对字幕新闻的特点描述不当的一项是（　　）。

A. 通常在播放其他电视节目之间插入播出

B. 往往只是一个词组或一句话，播出时长最多只有十几秒

C. 篇幅极其短小，严格意义上不算是一种独立的新闻报道方式

D. 往往以简短文字打出字幕，在屏幕上作上下滚动或左右移动

15.（　　）不属于电视画面编辑的工作内容。

A. 画面镜头的取舍　　B. 确定镜头的长度

C. 组接镜头　　D. 补充摄录

16.（　　）不是当前世界上广泛采用的彩色电视的制式。

A.NTSC　　B.PAL

C.SECAM　　D.VR

17. 拍摄时，被摄物体本身的横线，在画面上变为与边框相交的斜线，从而产生形体透视变化。这种角度拍摄的画面生动活泼，具有较强的纵深感和透视感；有利于表现物体的立体形象和场景的空间深度；也有利于区分人物和景物之间的主次关系，把所要表现的主要人物或景物放在突出的位置上。以上描述适用于（　　）。

A. 正面方向拍摄角度　　B. 背面方向拍摄角度

C. 正侧面方向拍摄角度　　D. 斜侧面方向拍摄角度

18. 以下对本台短评的描述不正确的一项是（　　）。

A. 篇幅短小，论题集中

B. 内容单一，分析扼要

C. 可以独立于新闻报道而单独成篇

D. 在写作和播报方式上力求简捷通俗，符合口语化的特征

19. 新闻媒体开展舆论监督，最常用的形式是（　　）。

A. 动态消息　　B. 电视专题

C. 新闻编辑　　D. 新闻批评

20. 新闻评论类体裁的本源是（　　）。

A. 新闻信息　　B. 新闻线索

C. 新闻采访　　D. 新闻事实

二、多项选择题（本大题共5小题，每小题2分，共10分）

1. 以下对新闻线索的主要来源描述正确的选项是（　　）。

A. 记者本人的观察和积累

B. 有关会议、文件、简报或有关政策和领导人讲话等

C. 来自受众的信息

D. 从其他新闻媒体间获得的信息

E. 来自特定新闻通讯员提供的信息

2. 以下对广播新闻写作的特殊要求描述正确的选项是（　　）。

A. 文字要口语化，适合收听习惯

B. 语句要尽量顺写，慎用倒装和被动句

C. 合理重复，少用代词

D. 少用文言文和行业术语，力求通俗易懂

E. 避免使用同音异义的词汇

3. 以下对编者按的作用描述正确的选项是（　　）。

A. 编者按不必依附于新闻报道，可自立篇章，纵横排阖，针对当下的热点事件进行大篇幅的评论

B. 对于无法在报道中出现的相关材料加以说明和解释，编者按可以起到包括导听、导视、导读的作用

C. 对于那些需要借助舆论力量予以针砭或弘扬的事物及现象，编者按可以直截了当地加以评价表态，以引导正确的舆论方向

D. 对于那些虽未造成影响、产生后果的不良现象或潜在问题，对那些尚未引起关注的新生事物或新鲜做法，编者按语可以通过及时的提醒建议，以唤起全社会的关注

4. 新闻写作中要用事实说话的原因是（　　）。

A. 事实胜于雄辩

B. 事实是新闻的本源

C. 事实最符合受众的需要

D. 事实本身具有逻辑性

5. 对于隐性采访，以下说法正确的是（　　）。

A. 为了更好地收集新闻素材，记者可适度使用窃听、窃照等专用间谍器材

B. 隐性采访获取的信息，在报道时要加以标注，如在电视屏幕显著位置标注“隐性采访”“非正常拍摄”等字样

C. 使用隐性采访，必须要有证据证明所要调查的事件或人物与公共利益相关

D. 特殊情况下的隐性采访，要争取相关职能部门的配合和联动，尽量避免单方面的行动，以保障人身安全

三、案例分析题（本大题共 2 小题，每小题 15 分，共 30 分）

1. 分析下列电视消息的特色。

惊心动魄八小时——“11·26”输油管道泄漏事故抢险

导语：“11·26”中石化西南成品油输油管道破损事故造成大面积汽油外泄，威胁着周边群众生命财产安全，导致邻近的沪昆铁路运行中断。在整个抢险工作中，对破损油管实施焊接封堵是关键，但焊接是明火作业，而面对不断泄漏的输油管和 2000 平方米的渗油区，一丁点的火花都可能引起燃烧爆炸。面对这项看似不可能完成的任务，抢险人员经历了惊心动魄的 8 个小时，最终安全封堵了漏油管道。

（现场声）焊接现场起火，消防队员用泡沫管枪灭火。焊工被悬吊在空中，悬在空中时进同期

（同期声）中石化抢维修队焊工方大勇

焊了两根焊条，旁边的油一下子就着起来了，我就被吊车一下子吊起来了，火苗就在脚底下，周围可能有几米宽的范围都在着火。

在随时可能变成火海的地方焊接作业，是方大勇工作二十多年来头一遭。而他身边100多名消防官兵的任务，则准备着随时把燃烧压下去。

焊接、引燃、灭火，再继续焊接、继续灭火。抢险就这样一点点艰难推进。为确保安全，方大勇身上系着安全绳，一旦火势凶猛，吊车会立刻将他调离作业点。当天，方大勇一共被吊起来4次。

（同期声）中石化抢维修队焊工方大勇

一下子吊起来很高，就像坐电梯一样感觉头部有点不适应，上去以后，绳子使劲转圈，下来有点头晕，站不住脚。以前在焊接的时候，也都是在可控范围内，这个是在不可控范围内，当时见到这种场面，自己心里面也没有什么底。

焊接能不能成功，与火能不能灭下去有着直接关系。本次灭火方案的制订，经过周密设计。

（同期声）省消防总队党委委员总工程师江平

灭油火，泡沫的效果是最好的，最直接的，但是这有个矛盾，用泡沫管枪灭火，又会集聚水，又要抽水，影响他作业的进度，用干粉灭火器的话对我们消防员危险性更大。

为以防万一，消防总队最终确定了作业点、核心区、外围分别使用三种不同设备的“三层共同灭火方案”，层层相连、环环相扣，确保火势不扩大不蔓延。

（同期声）安顺市消防支队平坝中队副指导员王剑

四支泡沫枪成四个角，把燃烧点包围住，它火势一燃起来，然后我们四支泡沫枪同时出泡沫。

当天上午，焊接工作进展并不顺利。11点05分，方大勇等四名紧急从广西、云南等地赶来的焊工开始作业。13点16分，因为焊接引起大范围的猛烈燃烧，行动一度停止。随后，现场指挥部及时研究调整，专家重新制定泄漏点密封方案，抢险部队则继续加紧降低管道内存油液面。下午5点41分，焊接堵漏作业重新开始。

（同期声）中石化抢维修队焊工方大勇

这一次就比较顺利了，着火都是旁边着小火。我焊的时候旁边有消防，就把火扑灭，我们就继续焊，焊接基本上就完成了，火车开始通车。

整个作业过程，共扑灭明火22起，其中火势最大的达2米高，扑灭最长用时30秒。

（同期声）安顺市消防支队平坝中队副指导员王剑

当时脱下防护服以后，里面的绒衣，基本上都已经浸湿了。

（同期声）安顺市消防支队警训科副科长彭小清

一个是累，再一个就是冷，还一个就是麻站着，长时间保持一个动作，而且精神高度的集中，人都比较困乏。

（同期声）中石化抢维修队焊工方大勇

完成以后也是晚上十一点多了，因为当时没有吃晚饭同事给我递了一盒泡面，感觉所有的疲劳都没有了，感觉很轻松，算是做了一件不小的事情。

（作者苏姝、杨宁、周雅婷、王玮，贵州卫视《贵州新闻联播》2013年12月12日播出）

2. 请分析下列广播新闻编排的特色。

2014 年 2 月 11 日下午，国台办主任张志军与台湾方面大陆委员会负责人王郁琦举行双方两岸事务主管部门负责人第一次正式会面，海峡之声广播电台新闻广播《海峡广角镜》栏目当晚的节目串联单如下，请分析其编排特色。

节目	2014 年 2 月 11 日《海峡广角镜》			
开始时间	标题	体裁	作品来源	播出方式
板块名称：今日头条				
01 分 51 秒	“张王会”在南京举行	消息	本台自采	录音
03 分 47 秒	马晓光谈“张王会”成果	消息	本台自采	录音
05 分 33 秒	台方新闻发布会情况	消息	本台自采	录音
06 分 37 秒	王郁琦重点行程介绍	消息	本台自采	连线
板块名称：海峡论坛				
08 分 14 秒	李振广谈“张王会”背景	访谈	本台自采	录音
09 分 27 秒	严安林谈“张王会”意义	访谈	本台自采	录音
10 分 25 秒	严安林谈“张王会”启示	访谈	本台自采	录音
11 分 17 秒	张麟征谈两岸要政治对话	访谈	本台自采	录音
板块名称：海峡快评				
12 分 15 秒	发挥“更大想象力” 迎接民族“新纪元”	评论	本台自写	口播
板块名称：观点荟萃				
14 分 43 秒	台湾《旺报》社评摘编	评论	旺报	口播

续表

15分06秒	香港《大公报》评论摘编	评论	大公报	口播
15分22秒	《两岸关系》文章摘编	评论	两岸关系	口播
15分38秒	香港中评社文章摘编	评论	中评社	口播
15分55秒	《中央日报》文章摘编	评论	中央日报	口播
16分10秒	《星岛日报》社论摘编	评论	星岛日报	口播
板块名称：两岸要闻				
17分13秒	两马灯会举行亮灯仪式	消息	本台自采	录音
19分14秒	台湾彰化灯会即将举行	消息	本台自采	录音
20分14秒	各界呼吁通过服贸协议	消息	本台自采	录音
21分12秒	台湾当局微调高中课纲	消息	本台自采	录音
板块名称：闽台走亲乡镇行				
22分57秒	闽台对渡文化历史与现实	专题	本台自采	录音

四、写作题（本大题共2小题，第1小题10分，第2小题30分，共40分）

1. 根据下列材料，为电视消息撰写一则导语。

日前，我国目前首部关于我国社会主义诚信建设的权威研究报告——《中国诚信建设状况研究报告》在京发布。《报告》由中国政法大学中国诚信建设研究中心，联合政府部门、社会团体、新闻机构、教育界人士共同发布。报告指出：商业欺诈、合同违法、制假售假、偷逃骗税、学术不端等等诚信缺失问题，在一定程度上，已经成为影响和制约我国经济社会持续有序健康稳定发展的顽症。相关数据显示，我国企业每年因不诚信导致的经济损失高达6000亿元人民币。各种各类失信事件所以屡禁不止、频发不绝，主要原因是失信成本低、地方保护主义、监管缺位等因素。

2. 请根据下列材料，撰写一则广播台或电视台的本台评论。

2015年参加西安市事业单位公开招聘考试走上教师岗位七个多月了，至今仍未领到过工资，周至县173名年轻老师叫苦不迭。

“实在不好意思再向家里伸手要钱了”

昨日，在周至县某镇中心小学任教的小A告诉华商报记者，她去年5月参加西安市教育卫生系统事业单位公开招聘考试，被录取后于去年10月正式上班，可到现在7个月了，也没领到过一分钱工资。

“我们考的是事业编制，第一年是见习期，听说工资每月只有2000多元，可就是这2000多元也一直没领到过，为此也询问过教育局，回答是让等一等，材料已递交给财政局了。我们学校与我同时来的一共3个人，都没领过工资。我都26岁了，每个月还要靠父母接济，确实不好意思。”小A说。

小B也是通过那次考试成为周至县一所中学的老师的，20多岁的她家在外地，“去年10月入职，到现在没领到过一次工资。大概两个星期前填过一张审批表，上面显示是2000多元。听2014年考进来的同事说，他们也是在上岗8个月后才领到工资的。学校让我们耐心等待，可我们实在不好意思再向家里伸手要钱了。”小B很无奈。

同样情况的小C在周至某镇一所幼儿园任教，“人社局、财政局、教育局我们都问过，但还是领不到，前不久又说是领导还没签字。5月初领了工资卡，说是工资从去年9月算起，但还是没发一分钱。”小C说。

据了解，2015年考入的100多名年轻老师建了个微信群，群里有人说“能理解手续办起来需要时间，但没想到要这么长时间。”“我们也知道工资最后都会补发，可这么长时间不发一回工资，也是够让人受不了的。”

县教育局：估计六七月份可领到工资

昨日，周至县教育局计财科工作人员给华商报记者详细解释了办理这些人员工资手续的程序：2015年通过西安市事业单位公开招聘考试，在9月和10月共有173名年轻老师在该县一些幼儿园、小学和中学上岗，老师报到后，县上相关部门要为每人依次办好五份文件资料，第一步是招录分配文件；第二步是增人计划卡；第三步是办理编控通知单；第四步由县教育局做新增人员工资审批表，而此表做之前还要由各接收新人员的学校先行统计上报；第五步是将此表上报给县人社局审核批准后再返回教育局。

为每个人准备好以上5份资料后，县教育局向财政局申领县行政事业单位新增财政供养人员审批表，由老师个人填写后返回县教育局审核，如果其中一个人填写有问题就得全部停下等其返工。此审批表审核后上报县财政局，待其审核批准后，再经主管县长签字后方算完成，“只要主管县长签了，立马就可以发工资。”周至县教育局的工作人员说。

华商报记者看到，所有这些程序中的每一步，审核签字的人都不止一个，仅县财政局审核这一环，要签字的就有业务科室、预算科室、主管副局长、局长。还有那份要由主管县长签字的行政事业单位新增财政供养人员审批表，每一个人都是一式 4 份，全部都要由主管县长签字。

周至县教育局介绍，2014 年分配来的那一批教师，也是在 2015 年 7 月才开始领到工资。“这一批今年估计六七月份可领到工资，到时候会补齐此前所有工资及取暖费等。”工作人员说，只要有老师反映生活困难，所在学校也会想办法预支一些生活费。

（记者白丁，刊于《华商报》2016 年 5 月 21 日）

模拟试卷（三）参考答案

一、单项选择题（本大题共20小题，每小题1分，共20分）

1. A　2. D　3. A　4. B　5. C　6. D　7. A　8. D
9. A　10. C　11. B　12. C　13. C　14. C　15. D　16. D
17. D　18. C　19. D　20. D

二、多项选择题（本大题共5小题，每小题2分，共10分）

1. ABCDE　2. ABCDE　3. BCD　4. ABC　5. BCD

三、案例分析题（本大题共2小题，每小题15分，共30分）

1. 答题要点：

通过对现场视频和现场关键人物的讲述，以点带面，再现关键时段的抢险救援过程。角度选取适当，充分发挥了电视传播的特点。

2. 答题要点：

时效性高、针对性强。突出广角，兼顾深度。结构紧凑、编排合理。整组节目不是新闻素材的简单堆砌，而是充分体现编辑意图。主体部分从“张王会”现场报道入手，进而转入专家学者的分析点评，再以本台评论深化主题之后，又通过观点荟萃加以佐证。

四、写作题（本大题共2小题，第1小题10分，第2小题30分，共40分）

1. 答题要点：

材料中最主要的新闻事实点是我国企业每年不诚信导致损失6000亿，在导语中可突出这一新闻点。

2. 答题要点：

可自选角度，找准评论切入点，注意叙议结合，由浅入深，遵循视听评论的语言要求，通俗易懂，简练清晰。

《广播电视业务》模拟试卷（四）

1. 笔试题满分为100分。
2. 笔试考试时间为150分钟。
3. 考试方式为闭卷考试。
4. 试题类型包括选择题、案例分析题、写作题。

一、单项选择题（本大题共20小题，每小题1分，共20分）

1. 新闻的起源是（　　）。

A. 信息需求　　B. 真相需求
C. 观点需求　　D. 事实需求

2. 新闻存在的根本条件是（　　）。

A. 事实　　B. 真实
C. 真相　　D. 报道

3.（　　）常用来表现新闻事件发生的环境。

A. 全景　　B. 中景
C. 近景　　D. 特写

4. 新闻写作的笔法多种多样，以下选项中（　　）属于新闻写作自己特有的笔法。

A. 悬念　　B. 伏笔
C. 议论　　D. 跳笔

5. 之所以说消息是报道事件的首选体裁，原因主要在于它具有（　　）特点。

A. 强烈的冲击力　　B. 充足的趣味性
C. 容纳大的信息含量　　D. 广泛的适应性

6. 消息想要反映事件的大致过程，让受众了解前因后果，宜用（　　）。

A. 点面结构
B. 横向结构
C. 纵向结构
D. 倒金字塔结构

7.（　　）是消息用来提示新闻要点与精华、发挥导读作用的段落。

A. 消息的主体部分
B. 消息的开头一段
C. 消息的导语
D. 消息的结尾

8. 以下选项中（　　）不是新闻语言的主要特征。

A. 准确
B. 清晰
C. 生动
D. 夸张

9. 新闻传播活动的把关人不包括（　　）。

A. 新闻记者
B. 新闻编辑
C. 新闻机构
D. 受众

10. 新闻价值在新闻传播活动中的实现过程不包括（　　）。

A. 发现
B. 呈现
C. 检验
D. 反馈

11. 对新闻价值显著性的描述有误的一项是（　　）。

A. 显著性指的是事实能引起大多数人关注的程度
B. 显著性往往同新闻事实涉及的人物和地点等的知名度有关
C. 具有重要性的事实往往具有显著性
D. 具有显著性的事实往往具有重要性

12. 消息的开头即出现画面、出现镜头，具有可视可感的效果。这是（　　）的特点。

A. 描述型导语
B. 说明型导语
C. 评述型导语
D. 概述型导语

13. 描写性消息中花絮与新闻素描的区别主要表现在（　　）。

A. 结构上
B. 写法上

C. 题材上　　D. 主题上

14. 以下选项中（　　）不是广播电视新闻专题文体的突出特色。

A. 详细　　B. 简洁

C. 深入　　D. 完整

15. 新闻标题《“姐妹花”比赛减肥，妹妹3年瘦60斤成“白骨精”》突出了新闻价值中的（　　）。

A. 重要性　　B. 显著性

C. 接近性　　D. 趣味性

16. 电视编排在进行影像组接时，以下描述不当的是（　　）。

A. 动作或事件的演变过程必须依照时序组接，保持镜头在时序上的连贯

B. 镜头长度的处理一般要根据镜头内在信息内容的多寡和影像构成的繁简而定

C. 依照轴线规律，在影像拍摄与编辑中保证同一时空中相邻镜头间空间的统一感

D. 镜头衔接时较常规的方法是动接动，静接静

17. 关于电视新闻编辑中稿件修改描述不当的一项是（　　）。

A. 稿件修改工作内容包括对事实差错的订正

B. 可根据栏目定位需要进行修改

C. 稿件修改包括对稿件内容的增删和表达方式的调整

D. 稿件修改不涉及稿件思想政治方面的内容

18. 关于新闻报道的策划说法有误的一项是（　　）。

A. 可以根据报道需要策划新闻事件

B. 新闻报道策划要注意把握广播电视新闻节目的特点

C. 可对重大新闻现场直播进行策划

D. 确定一定时期的报道中心是策划的重要内容之一

19. 以下对编后话的作用描述不正确的一项是（　　）。

A. 提示说明　　B. 评价表态

C. 提醒建议　　D. 保持中立

20. 以下对电视述评的特征描述不当的一项是（　　）。

A. 涉及范围广泛，包括政治、思想、经济、文化、外交等各个领域

B. 表现形式多样，包括调查性、解释性、分析性、论辩性等

C. 述评中所报道与分析的对象多样，可以是具体的新闻事件、普遍的社会现象、典型的新闻人物、人们的思想观念或政治、经济及国际形势等

D. 从篇幅看，往往述多于评，重点也在于述

二、多项选择题（本大题共 5 小题，每小题 2 分，共 10 分）

1. 以下对新闻敏感描述正确的选项是（　　）。

A. 在同一事物的诸多事实中，迅速判断，鉴别出最具有价值的新闻事实

B. 通过一般现象挖掘出隐藏着的有价值的新闻事实

C. 迅速判断某一新闻事实对当前工作的指导意义

D. 迅速判断某一新闻事实能否吸引较多受众

E. 在对事物进展过程充分调查分析的基础上，预见有可能出现的新闻

2. 以下对新闻采访工作的描述正确的选项是（　　）。

A. 记者只能采访新近发生的事实

B. 记者要严格遵循采访提纲进行采访活动

C. 记者要随着信息的变动，审时度势，从不同侧面和不同角度，进行不断采访和连续报道

D. 记者在采访中可以依据情况变动而变换采访对象

3. 报道事件是消息的基本使命，新闻报道之所以追逐事件，是因为（　　）。

A. 凡事件，都有其原始的戏剧性，对受众都有吸引力

B. 事件本身具有趣味性的特点，容易吸引受众

C. 事件本身具有明显的变动的特点，易引起受众的关注

D. 事件本身程度不同地都具有典型性的特点，具有典型示范、典型示警的作用

4. 以下对电视画面编辑原则描述正确的选项是（　　）。

A. 在同一场景的画面镜头中，必须保持时间空间的一致性和完整性

B. 在运用画面语言进行描述和判断时，要合乎逻辑表达

C. 电视镜头的运动方式、景别变化要循序渐进

D. 电视画面编辑应抓住主要情节及其主要画面

5. 对于隐性采访，以下说法正确的是（　　）。

A. 记者可以因采访需要而假扮警察

B. 隐性采访要得到记者所服务的媒体单位批准

C. 必要时，可对法庭审理进行隐性采访

D. 对私人住宅、医院诊室等涉及隐私场所，不宜隐性采访

三、案例分析题（本大题共 2 小题，每小题 15 分，共 30 分）

1. 请分析下列广播评论的特色。

群体狂欢背后的社会之痛

昨天下午 4 点，哈尔滨医科大学附属第一医院发生一起恶性伤害案件：一名患者持水果刀追砍医护人员，导致 1 死 3 伤。事件本身震撼人心，而更令人震惊的是，某网站调查显示，竟有六成以上网友看到这一新闻后表示“高兴”！被救者怒

杀施救者，网络缘何掀起群体式狂欢？为暴力喝彩，社会怎会如此充满戾气？请听本台新闻述评《群体狂欢背后的社会之痛》。

2012年3月23号下午，一名少年突然闯入哈医大一院风湿免疫科医生办公室，抡刀疯狂砍向正埋头工作的医生和实习学生。硕士研究生王浩坐在门口，来不及躲闪，被刺中颈动脉，后因抢救无效死亡。其余3名医生受到不同程度伤害。

（录音）目击医生：不太高的一个小孩，就开了一下门，我就看了他一眼，当时觉得他眼神稍稍有一点点不对劲。

（录音）目击患者：走廊全是血，那个人都窝那儿了，特别好那小孩。

在杀医案目击者对事件两名主人公的描述中，不约而同提到同一个词——小孩。因质疑医生治疗方案，患强直性脊柱炎多年的17岁少年李某愤而挥刀，同样年轻的王浩倒在血泊中。看守所里，李某讲述了杀人动机。

（录音）李某：来哈尔滨能有挺多次了，途中花费挺多的，也挺劳累的，我也感觉大夫好像就是有意刁难我啊，这个想法。

据李某说，他与死者王浩素昧平生，连一句交流都没有。而经采访得知，遇难者与行凶者竟有着极其相似的家庭背景：都来自内蒙古贫困乡镇，家境都不富裕。两名年轻人人生轨迹第一次交集，却以如此惨烈的悲剧出现，原因仅是因为当天王浩穿的是“白大褂”！

（录音）李某：第一个进去先看到的就是他，也有点抵触心理吧，所以第一个杀的就是他。

事件中遇难的王浩出事前刚刚收到香港某大学博士录取

通知，惨剧的发生让许多与他熟识的患者、同事和亲友扼腕痛惜。在他们眼里，王浩品学兼优、年轻有为，本不该遭此无妄之灾。而事发当天，腾讯网转载此事件新闻报道后，短时间内却有4018人次在网站投票中选择“高兴”，占总投票数的65%。网易当天新闻留言中，甚至还有“应该举国欢庆啊！鞭炮响起来！小酒喝起来！音乐开起来！”等语句。对于网上弥漫的群体狂欢心态，社会学家、黑龙江省社科联研究员崔嘉善惊呼：这是比悲剧还要悲剧的悲剧！

（录音）崔嘉善：这是对全国医生的第二次伤害！这种伤害，比锋利的尖刀更暴力！很多人把它归罪于医疗体制的问题，当下医疗资源分配不均、以药养医……医疗体制的缺陷，的确是医患关系紧张的重要原因，这种体制问题都要由医生来承担吗？面对惨案拍手称快、面对杀戮大赞其美，这种暴戾之风又能单单归罪于体制吗？

就在哈尔滨杀医案前一天，西安一住院病人因情绪失控，持刀砍伤9人，其中包括2名120工作人员。也有网民发出“要砍就砍医生”的声音，并引出大量转发。崔嘉善认为，群体狂欢式网络宣泄，背后折射的是严峻的社会问题。

（录音）崔嘉善：医疗之患是社会之痛。如果一个社会对犯罪行为给予赞扬，只能说明整个社会生病了。频频发生的血案，那么多人不愿意认真反思，而是把它作为发泄怨气的出口，这样的社会心态太可怕了！

非常巧合的是，两年前的3月23号，福建南平也发生了一起举国关注的血案。血案造成8死5伤，受害者都是小学生。凶手郑民生同样得到不少网民支持，理由就是待业在家、经济拮据的郑民生是弱势群体，而发生血案的南平实验小学学生，大部分都是“官二代”“富二代”。对于近年来频发的“仇官”“仇富”“仇医”等极端暴力事件，中国科学院《2011年中国社会心态研究报告》指出，这体现了当下中国民众最典型的社会心态——“群体性怨恨”。《报告》主编、中科院研究员王俊秀：

（录音）王俊秀：这是群体性的一种焦虑，腐败、分配不公、医疗体制缺陷等等社会长期存在的问题，得不到及时解决积淀而成的。个人对社会的不满，累积到一定程度，它会扩大成一种社会的情绪、一种焦虑，也就是我们所说的“群体性怨恨”。

中国青年报社会调查中心调查显示，当下中国，96%民众存在不同程度焦虑情绪，中国正进入“全民焦虑”时代。王俊秀认为，不良社会心态是社会转型期各种社会矛盾的现实写照。

（录音）王俊秀：中国社会正处在激烈的转型时期，社会环境急剧变化，经济利益、社会位置重新洗牌，社会规则体系在重建的过程当中。大家对于社会的前景很难把握，难以形成稳定的预期。越来越多相同的利益、身份、价值观念的人采取群体性表达诉求，来争取自己的利益，群体性的摩擦冲突就会增加。各个阶层分化和底层认同使得民意极端化，甚至产生“蝴蝶效应”，常常表现出一边倒的声音和行为。这种“社会情绪反向”非常值得我们警惕！

调查还显示，网络传播加剧了人们内心冲突，使“群体性怨恨”更具感染性。官民、警民、医患、民商……社会总体信任进一步下降，导致社会冲突增加，又进一步固化了群体间的不信任，陷入恶性循环困境中，对社会发展与改革进程产生抵触消解。

就在刚刚，黑龙江省卫生厅下发最新通知，要求加大医院安保投入力度。而一个月前，广东东莞市政府甚至表态，医院保卫室可配备棍棒、催泪喷雾剂等攻击性装备。对此，黑龙江省委政法委宣教处处长张望朝担忧，以暴制暴，只会加剧对立。他说，解决“群体性怨恨”根本途径，还应从制度入手。

（录音）张望朝：“不患寡而患不均”，当下二元结构日趋严重，亟须在利益分配、公共管理、司法行政等多领域作出更有利于保障社会公平的重大调整，特别是要打造公正合理的规则体系，保证社会活动都能按规则运行，不是凭关系、背景，而是靠能力、水平。发挥公共权力，从制度层面建立社会信任机制，增进不同社会阶层人群的互信、互助和相互理解尤为重要。

《中国社会心态研究报告》主编王俊秀则从社会保障角度提出观点。他指出：着力解决民生问题，是消解舆情危机的理性回归。

（录音）王俊秀：就业、看病、上学、购房、养老等等各个方面加强初级民生保障体系的建设。解决这些迫在眉睫的问题，对于经济总量第二的中国不是“能不能”，而是“想不想”。政府应当尽快完成 GDP 让位民生的转型，把“共享社会成果”执政理念贯彻到位，为公众提供合理的预期，让公众感觉到有保障。

纾解群体怨恨，“有形”的问题解决是治本之策，“无形”的心态疏导同样不可或缺。龙广特约评论员谷俊毅呼吁：应建立畅通的民意表达机制，尊重保障民众利益诉求和权利表达。

（录音）谷俊毅：开放公共决策的整个过程，让民众来参与决策，让广大的民众拥有平等的话语权。密切相关的是什么？建立一个渠道，使个人可以诉说和得到一种释放。同时要注意建立负面社会心态的预警监测，这种负面的情绪一旦超过警戒水平，必须采取针对性的措施。另外我们要倡导和激励对社会有利的基本的价值观念，要引导固化成为全体成员的核心价值。还要完善国家的法制体系，培养全社会的成员都会利用宪法、利用法律的框架来解决问题。

杀医案群体狂欢的背后，是社会转型期的阵痛。当前，中国既处于发展的重要战略机遇期，又处于社会矛盾凸显期。良好的社会心态关涉国家发展宏旨。如何使社会心态良性发展，执政者需要尽快破题，全社会更应该共同努力！

（录音）谷俊毅：我们要学会理智地思考、明辨是非，不能盲从、不能跟风。积极地参与推动社会规则合理化，以自身的正气化解社会阴暗，这才是我们每个人可以为社会进步而做的。如果我们肆意地放大群体性的偏见，把泄私愤者当成“英雄”，也许有一天，屠刀对准的就是我们自己，我们的亲人，我们的朋友！大家都应该牢记：对暴力的崇拜才是最可怕的社会病！

（作者杨晶、李皎、牟维宁、任广镇，黑龙江人民广播电台黑龙江交通广播《一路有你》2012 年 3 月 24 日播出）

2. 请根据要求撰写一份采访策划书。

近日，中办印发了《关于在全体党员中开展“学党章党规、学系列讲话，做合格党员”学习教育方案》，并发出通知，要求各地区各部门认真贯彻执行。请为地方广播台或电视台“两学一做”学习教育活动撰写一份采访策划书，确定采访主题、采访计划，列出采访提纲。

四、写作题（本大题共 2 小题，每小题 20 分，共 40 分）

1. 请根据材料撰写一则电视消息，300 字左右。
2. 请为你撰写的消息配发一则电视短评，300 字左右。

再过几天就是新年，记者走进通州区于家务乡仇庄村杜振国家时，他正搬了凳子取下旧年历，不过，换上的却不是新年历，而是一幅书写认真、装裱精致的“杜家—家风家训”。楷体撰写的“勤劳节俭、乐于助人”几个大字端正有力。

“这幅字挂在堂屋正中，再也不摘下来了，”杜振国说，“留给子孙万贯，不如良言一句。这是我们的家训，祖祖辈辈都是这样做的！”

再访几户村民，家家都端端正正挂着家训，勤俭持家、吃亏是福、踏实厚道……话语朴素，却都饱含着做人、治家的智慧。

“61 户村民家挂上了家训，每一条都是家庭成员认真总结的，”村党支部书记王书信说，今年 4 月，仇庄村委会号召村民整理家风、家训，“国有国法，家有家规，我们想通过寻找良好的家风，让村民自觉树立良好的道德标准。”

没承想，一石激起千层浪，树家风引起村民的极大兴趣。

“那几天，我们天天开家庭会议，一家三代聚在一起，回忆老辈人是怎么做的，又是怎么要求后人的，”村民高慧军说，“这么一回想，父亲总爱把‘正人先正己’这句话挂口头，这不就是我们的家训吗？”

其实，每个家庭都有家风，通过寻找，村民们发现了润物细无声般影响着每个家庭成员的精神内涵：有的家庭说是孝道、行善；有的家庭说是忠厚、勤俭；有的家庭把“常回家看看”立为家训；有的家庭要求儿孙“乡里乡亲的，见到有困难的，咱们能搭把手就搭把手，能帮助就帮助。”虽说是大白话，做到也不易。

61户村民树家风、立家训，挂在墙头，放在心里，作为做人、治家的准则。

“这家风可不是想写啥就写啥，挂在墙上，大伙儿都看着呢！”杜振国是村民们公认的“活雷锋”，他把“乐于助人”写进家风，“我在帮助别人中得到认可，找到了自己的价值，我要求儿女们也要把这条挂心上，嫁出去的女儿也得带着家风去！”

高启财家是仇庄村最和睦的一个大家庭，村民们常说，你看高家，个个都孝老敬亲，就连几岁的孙辈出门都特别文明守礼，就是家风好！高家立了“立德兴家，代代相传”的家训，积极向上的家风潜移默化中为一个家庭树立了口碑。

家风挂墙上，时刻提醒村民注意自己的一言一行。杜振廷家前些日子闹了些小矛盾，儿媳妇因为孩子上学的事，跟公公起了争执。一进家门，抬眼就能看见“长者慈、儿孙敬”的家训，公媳两人都有些不好意思，话说开来，互相让步，一家人重归和睦，杜振廷深有感触：“一个家庭，的确要有些规矩，心里有敬畏，做事就不会出格。”

对于一些家庭来说，整理家风也是一堂道德教育课。村民杨瑞云家常常因为一些小事打打闹闹，婆媳关系紧张，日子过得不痛快。别的家庭整理家训，杨瑞云上高家去取经，“父母是孩子的榜样，没有好的家风又怎么教育孩子？”回到家，杨瑞云把“孝老爱亲”写进家训。从此，她从改变自己做起，村民们常常能看到她陪婆婆看病、散步的身影。

“古训‘家和万事兴’，家庭是社会最小的细胞，通过整理家风，我们每个家庭树立起应该弘扬的行为准则，从而建立良好的村风，影响全社会的道德风尚。”王书信说，仇庄村下一步还要梳理出村风村规，这61户村民的家风，已经为“德、法、礼、孝、情”的村风奠定了基础。

（记者闫雪静、王健、陈冬菊，《北京日报》2014年12月30日刊出）

模拟试卷（四）参考答案

一、单项选择题（本大题共 20 小题，每小题 1 分，共 20 分）

1. A　2. B　3. A　4. D　5. D　6. C　7. C　8. D
9. D　10. D　11. D　12. A　13. C　14. B　15. D　16. A
17. D　18. A　19. D　20. D

二、多项选择题（本大题共 5 小题，每小题 2 分，共 10 分）

1. ABCDE　2. CD　3. ACD　4. ABCD　5. BD

三、案例分析题（本大题共 2 小题，每小题 15 分，共 30 分）

1. 答题要点：

作品把注意力集中于探究偶然个案中所蕴含的必然原因，跳出思维定式，着眼于社会失衡、社会焦虑而导致的人群排斥冲突这一社会现象。作品点面结合、层层递进，通过细致理性的论证分析，阐释了普遍的社会精神危机产生的原因、危害，并提出应对思路和观点。作品立意深远、结构严谨、有理有据、分析透彻，富有启示意义。

2. 答题要点：

采访策划书包括采访目的与主题、文献资料收集、采访方式和方法、主要采访对象、采访进程等。注意角度选择，可根据具体的情况，规划采访当地“两学一做”的典型个案、创新做法等。

四、写作题（本大题共 2 小题，每小题 20 分，共 40 分）

1. 答题要点：

提炼新闻事实，确定新闻要素；根据主题和事实特点确定消息结构；根据结构和材料特点，确定导语类型、内容；表达符合电视规律；语言通俗、简洁、清晰，具体形象。

2. 答题要点：

自选角度，找准评论切入点，注意叙议结合，由浅入深，遵循电视评论的语言要求，通俗易懂，简练清晰。

《广播电视业务》模拟试卷（五）

1. 笔试题满分为 100 分。
2. 笔试考试时间为 150 分钟。
3. 考试方式为闭卷考试。
4. 试题类型包括选择题、案例分析题、写作题。

一、单项选择题（本大题共 20 小题，每小题 1 分，共 20 分）

1. 新闻的核心价值是（　　）。

A. 真实性　　B. 显著性

C. 重要性　　D. 接近性

2. 以下选项中（　　）不属于电视画面的基本特性。

A. 连续性　　B. 再现性

C. 多义性　　D. 客观性

3.（　　）是视觉冲击力最强的景别。

A. 全景　　B. 中景

C. 近景　　D. 特写

4. 我国的彩色电视采用（　　）制式。

A. NTSC　　B. PAL

C. SECAM　　D. VR

5. 一切新闻类节目的最基本原则是（　　）。

A. 真实　　B. 客观

C. 公正　　D. 平衡

6. 以下选项中（　　）不是电视新闻专题的突出特色。

A. 详细　　B. 生动

C. 简洁　　D. 真实

7. 以下对新闻采访描述最准确的一项是（　　）。

A. 记者主观认识客观的调查研究活动

B. 调查研究活动在新闻工作中的运用

C. 记者对突发事件的记录和观察活动

D. 记者为收集新闻素材而进行的调查研究活动

8. 要求在消息第一段完整交代新闻五要素的导语称为（　　）。

A. 晾衣绳式导语　　B. 直接导语

C. 延缓式导语　　D. 第二代导语

9. 以下对电视解说词的描述不恰当的一项是（　　）。

A. 少用或不用简称　　B. 避免使用谐音词

C. 多用专业术语　　D. 把书面语言改为口语

10.（　　）拍摄角度使画面中的地平线上升到画面上端或上端以外，使地平面上分布的景物得到充分的展示，有利于表现平面景物的层次、数量、地理位置，给人以深远辽阔的感觉。

A. 平角度方向　　B. 仰角度方向

C. 俯角度方向　　D. 侧角度方向

11. 选择新闻稿件的主要标准首先是（　　）。

A. 符合栏目要求　　B. 切合传媒定位

C. 具有新闻价值　　D. 符合受众需求

12. 报道事件是消息的基本使命，新闻报道之所以追逐事件，以下原因描述不当的一项是（　　）。

A. 凡事件，都有其原始的戏剧性，对受众都有吸引力

B. 事件本身具有趣味性的特点，容易吸引受众

C. 事件本身具有明显的变动的特点，易引起受众的关注

D. 事件本身程度不同地都具有典型性的特点，具有典型示范、典型示警的作用

13. 新闻标题《埋藏数百年的元代皇宫被找到：暗藏北京故宫地下》，突出了新闻价值中的（　　）。

A. 重要性　　B. 显著性

C. 接近性　　D. 趣味性

14. 以下对广播电视专题与广播电视消息的文体区别不正确的一项是（　　）。

A. 消息多用概括性手法叙述事实，专题则多用详述和描写手法表现事实

B. 消息的时效性弱于专题的时效性

C. 专题相对于消息结构较自由

D. 专题报道的事实往往比消息更形象、更生动

15. 在电视这样一种大众传播媒介上发表的评论，首要的要求是（　）。

A. 观点正确　　B. 新鲜及时

C. 生动形象　　D. 重大显著

16. 以下对广播专稿描述不当的一项是（　　）。

A. 按照听知规律提炼和表现主题，主题要单纯明朗，切忌复杂晦涩

B. 围绕主题选择材料，着力发掘最能代表事物现状的材料

C. 精选最能触动听众心灵的情节和细节

D. 结构明暗线交织并进，丰富报道内容，引人入胜

17. 同样的新闻内容，因为编排不一样，传播效果也会两样，这说明编排（　）的不同作用。

A. 表现形式的独立性

B. 技巧差异性

C. 对受众的指导性

D. 方式的多样性

18. 新闻评论的立意是指（　　）。

A. 作者在文中摆事实讲道理

B. 作者确定评论文的论述题目与范围

C. 作者对所论述问题确定中心思想和基本观点

D. 作者依据的基本新闻事实

19. 新闻评论的三要素是（　　）。

A. 论点、论据、论证

B. 引论、立论、驳论

C. 摆道理、讲事实、引言论

D. 是什么、为什么、怎么办

20. 以下对编后话的特点描述不当的一项是（　　）。

A. 依附于新闻报道的一种画龙点睛式的简短的编者评论

B. 编后话置于报道末尾，旨在归纳、引申、深化、生发

C. 编后话必须针对报道中的事实提出看法、作出分析，切忌抒情、联想和借题发挥

D. 编后话既源于报道又高于报道，力求对报道有所补充和深化

二、多项选择题（本大题共 5 小题，每小题 2 分，共 10 分）

1. 在新闻工作中坚持真实性原则的含义包括（　　）。

A. 对事实的报道必须准确无误

B. 从总体上、本质上和发展趋势上反映真实

C. 对事实的报道必须全面、客观、公正

D. 坚持新闻报道客观性和倾向性的统一

2. 以下对新闻语言的主要特征描述正确的选项是（　　）。

A. 准确　　　　B. 清晰

C. 生动　　　　D. 夸张

3. 以下对广播新闻写作描述正确的选项是（　　）。

A. 多用动词，少用形容词和副词

B. 把省略号、顿号等标点符号变成文字

C. 不用同音异义的词语

D. 合理重复，不用代词

4. 新闻媒体开展舆论监督需要遵循的原则是（　　）。

A. 准确监督　　B. 科学监督

C. 依法监督　　D. 建设性监督

5. 对于未成年人报道规范，以下说法正确的是（　　）。

A. 保护未成年人的自尊心，不提可能影响其身心发展的问题，不触及他们不愿提及或想起的信息

B. 采访未成年人须征得本人及其监护人同意

C. 明星的未成年子女受到公众广泛关注，具有新闻价值，其生活学习可以进行适度报道

D. 未成年人受到性侵犯或者涉及违法犯罪活动的报道中，须使用化名、模糊影像、语言变声等方式，使其身份不被识别

三、案例分析题（本大题共 2 小题，每小题 15 分，共 30 分）

1. 请评析下列电视消息的特色。

21 张火车票敦煌全城找主人

（导语）国庆长假，大家都盼着玩得开心，出行顺顺利利。可是，五名江苏游客在甘肃敦煌旅游时偏偏把 21 张当天下午的实名制联程火车票弄丢了。在人山人海的敦煌旅游旺季，票能找回来吗？

（正文）来自全世界的游客，让敦煌今年国庆旅游异常火爆。在敦煌开了十几年出租车的赵师傅几乎没有歇的时候，

10月3号中午，他在车里意外发现了一沓旅游黄金周里最为紧缺的火车票。

（字幕）敦煌出租车司机赵向东

（同期声）在这个角角，就这总共二十一票。

（正文）乘客落下手机、钱包、旅行箱已经不足为奇，可是这么多火车票对赵师傅还是头一次。黄金周里一票难求，更何况这些火车票都是当天下午的，赵师傅瞬间体会到主人的心急如焚，他开车直奔运管所。

（字幕）敦煌市运管所所长刘旭

（同期声）还有七个小时左右，因为他们的火车票是下午六点钟左右的。

（正文）在和时间赛跑，刘旭想到了日常播放各种信息的出租车车顶的显示屏。

（字幕）敦煌市运管所所长刘旭

（同期声）大概在十一点半左右全城的出租车LED屏上就把这个打出来了。

（正文）瞬间敦煌城内所有的出租车顶灯上全部出现了寻找江苏苏州5名游客丢失火车票的信息。同时运管部门也与敦煌莫高窟、鸣沙山月牙泉、雅丹地貌三个游客集中的景区联系，在这三个景区内也开始广播找人。在这样的环境中找人真可谓大海捞针，一小时过去，还是没有消息，离开车时间越来越近，最终辖区派出所传来了让大家期待的消息。

（字幕）敦煌沙州派出所民警龚建军

（同期声）它上面有姓名还有身份证号，我们查到她的住宿信息。有一个叫李萍，我们根据这个对比就可以把她找到，她就是江苏省苏州市的人，我们找到她的时候她已经退房了。

但是她住八景楼是通过网上订票，有游客留的电话，我们就给她打电话，到两点多三点我们告诉她以后，有十分钟左右她就赶到了派出所。

（现场）（同期声）谢谢。

（字幕）江苏苏州游客祝苡

（同期声）哭了一个下午，一直哭到晚上，我们这些人都是从小到大养在父母身边的，是第一次自己策划出远门。他们真的花了很大力气，帮我找了一上午，打了许多电话，我们真的很着急，而你们感受到了，你们帮我们做了我们需要的事情，我很感谢你们。

（字幕内容）敦煌出租车司机赵向东

（同期声内容）给她们也是应该的，因为出租车就是城市的广告，也是城市的形象吧。

（正文）21 张票终于在火车开车前回到主人身边，主人最终顺利踏上了返程的旅途。

甘肃台报道

（周尚业、刘龙龙、刘珊、王皓、王云海，甘肃省广播电影电视总台甘肃卫视《甘肃新闻》2013 年 10 月 8 日）

2. 请分析下列广播专题采写特色。

一波三折，一桩医疗纠纷终于妥善解决

（主持人）9 月 22 号，发生在本市的一桩患者死亡医疗纠纷案，经过天津市医疗纠纷人民调解委员会长达三个月的调解，终于妥善解决，患方得到 40 万零 1 千元赔付。

这是天津市医疗纠纷人民调解委员会作为独立第三方，成功调解的1500多例医疗纠纷案中的一例。案子的调解过程可谓一波三折。

本台记者张清淼跟踪采访了这桩纠纷调解的全过程。请听她采写的报道《一波三折，一桩医疗纠纷终于妥善解决》：

事情发生在三个多月前。

今年6月7号，54岁的张某由于突发急性阑尾炎住进本市某大型医院就诊，经过四个星期的治疗，医院以病人病情稳定为由劝张某回家休养。回家第二天，张某在家中猝死。事情发生后，家属向医院提出赔偿。由于索赔额超过1万元，按照相关规定，医患双方来到天津市医疗纠纷人民调解委员会（简称“医调委”）进行调解。

7月8号，在位于和平区郑州道的医调委调解室里，调解员张景文对这起医疗纠纷进行了第一次调解。

死者妻子李女士陈述了主治医生在她丈夫身体没有康复的情况下就让他离院的始末：

（录音）

因为我的病床是新来的病人已经躺在那儿了，我当时就问，我说我们这个能出院吗？我确实有疑问。他头一句话他就说嘛呢，你这个B超我看了，没什么问题，可以出院。后来完了以后我说我真的、我真的挺担心的，因为我觉得他的治疗太曲折了，一发烧“噌”那么高。后来他说，你这么坚持的话，你别办出院，你先回家，如果他要是不好的话你随时可以回来。主任那么肯定地说我们没有问题，没有问题。在这种情况下，那只能听大夫的。

对于患方提出的院方在没有提前告知的情况下让新病人

占床，并强行让张某出院的说法，院方代表也向医调委陈述了自己的观点：

（录音）

这是不可能的事情。我怎么强制你出院？我肯定要告诉你，你的病情已经现在在医院里不需要（住了）。她当时其实她同意了，她如果不同意我怎么赶也不会走。

（录音）

按照调解程序，第一次调解就是听双方陈述事实。调解员张景文告诉记者：

（录音）

医调委的调解程序分三部分，第一部分是摸清事实阶段，双方各自的陈述，提交相关的一些材料，然后调解员再把这些内容进行一个归纳，拿出一个初步的意见，带着这个意见去向专家库的专家进行咨询，请各位专家修正我们的意见。然后作为医调委的意见，我们再向医患双方进行通报，当然这一个通报也是一个建议性的。如果医患双方都认可了，这个分析意见就成立了，双方一签字。第三个程序是，如果医方有过错，依法测算赔偿。

2009年，本市以政府令形式颁布《天津市医疗纠纷处置办法》，按照这个“处置办法”，本市成立天津市医疗纠纷人民调解委员会，规定凡发生索赔额在1万元以上的医疗纠纷都要到医调委进行调解。市财政每年拨款200万元，支持医调委以独立第三方身份依法调解医疗纠纷。

以政府令形式颁布医疗纠纷处置办法、由市财政拨专款，这在全国都是第一例。这就从根本上避免了以前医院或卫生行政部门参与调解，被患方认为医方集运动员、裁判员于一身的弊端。

7 月 13 号，患者张某出院后在家中猝死的医疗纠纷案进行第二次调解。

之前，医调委对医患双方提供的病例等材料进行了专家分析，在第二次调解时给出了“院方承担 40% 次要责任”的建议。这个建议的依据是：院方在患者没有进行相关检查，也没有医嘱，更没有办理出院手续的情况下让患者离院，这都是有可能导致患者死亡的原因。

（录音，现场音压混）

调解员：现在请医患双方表个态。您同意吗?

医方：同意。

调解员：患方您同意吗?

患方：您那分析我认可。

……

患方虽然认可了“院方承担 40% 次要责任”的建议，但对“40% 次要责任”的赔付额到底有多少，心里并没有概念。

7 月 22 号，第三次调解。前两次的调解比较顺利，这一次要商议具体的赔偿金额。

出人意料，测算理赔时，患方对院方承担 40% 的次要责任、赔付额 25 万元的医调委建议突然表示不认可，要求医院负主要责任。在院方表示不能允诺以后，患方情绪激动起来：

（录音，现场音压混）

我现在听院方怎么说？你们院方这么大责任你觉得我们这个人值多少？我不想拿我爱人的生命在这儿讨价还价……

调解陷入僵局。

这里需要解释一下：在医调委调解的医疗纠纷中，侵权责任共分为6等，分别是全责、主要责任、对等责任、次要责任、轻微责任和无责。以这起医疗纠纷为例，如果医院是全责，死亡赔偿金是592520元；如果是主要责任，赔偿在40万—50万元左右；如果按上面说的院方负40%次要责任，赔偿就是25万元左右了。

那么，患方为什么之前同意院方负次要责任的建议？院方为什么一开始不认可强制患方出院的说法，却在第二次调解时也同意了负次要责任的建议呢？原来，双方都有没摆上桌面的事实。

在第二次调解结束后，院方代表表示，之所以认可医调委的建议，是因为当事医生在工作中确有疏忽：

（录音）

医方：他不细致，太相信自己的技术了。每一个手术做完以后如果有不良现象马上就会出现，他不仅没有，排气、排便等等都非常好，跟没事儿人一样。谁能想到他死？

记者：那咱们在他离院之前正常情况下应该对他有一个全面的检查？

医方：每一个（人）都会做一个检查。

记者：像心电图的检查也有？

医方：这可能欠缺，没有。

记者：那是不是导致他转天在家里头猝死，有一些关系呢？

医方：这一点说不清楚。因为他没做尸检，不知道到底哪一块儿引起来的，他到底是不是死于心脏？所以说一切只能推断了。

尸检是分析责任的最有效手段，在患者死亡后，院方曾多次提醒家属尽快做尸检，这样既可以了解真正的死因，也能分清责任，但家属以“死者已逝，不愿在其身上动刀”为由明确拒绝院方的建议。院方代表说：

（录音）

医方：在这个人死亡的当天我们就已经告知她你们有做尸检的权利，而且做尸检是有时间限制的，这很短，常温下只有两天，冷冻情况下大概是一周。否则他的细胞就分解了，分解以后你再去做（尸检）这个结果就不准确了。

记者：也就是说她放弃这个权利了？

医方：对，她自己放弃的。

患方希望得到更多的赔偿，却拿不出让院方负主要责任的证据；院方在患者死因没有准确定论的情况下不愿意提高赔付额。

无奈之下，医调委在充分听取医患双方的意见后，决定暂时中止调解。

调解中止了，但调解员张景文却一直惦记着这桩纠纷。他告诉记者，死者生前是个出租车司机，家里生活本来就不太宽裕，死者的妻子李女士退休工资不高，27岁的女儿又患有脑垂体疾病需要常年治疗，一旦走上漫长的医疗事故鉴定或司法程序，将对这个家庭十分不利：

（录音）

咱们调解是需要严格区分的，咱是一个旁不相干（的人），自然能够缕得很清晰，她不行，用她自己的话讲，她天天就已经就没法过了，这点还是确确实实应该给予同情。

医调委主任欧阳澍说，“依法调解”是医疗纠纷调解工作的一个重要原则。医调委虽然是人民调解机构，但它的工作都是在法律框架下操作的。目前医调委的22位专职工作人员中，大部分从事过多年的医疗或政法工作，还有一部分是相关专业的大学毕业生。调解人员在上岗前要熟悉《侵权责任法》《婚姻法》《物权法》等法律法规的细则，每个案子的调解都要严格遵照程序执行。但是追求公平、公正并不意味着没有人情味儿。在法律允许的范围内，医调委会尽可能多地为患方这样的弱势群体争取利益：

（录音）

调解过程中我们要求呢要注意“情理法”相结合。我们的感情色彩就是在调解过程中更多的感情要投向患方。因为在调解过程中有一个客观现象，信息的严重不对称。关于医疗诊疗方面的信息大多掌握在医方，患方一个掌握少，第二他也不懂。多站到患方的角度去考虑问题，然而呢又通过科学的知识向他进行解释。这样不管赔多少，赔或不赔，要给患方讨一个公道，使他明白。

为了尽可能在法律允许的条件下帮助死者的妻女，调解员张景文在一个多月的时间里多次单独约谈医患双方，尤其是和院方代表进行了深入沟通。期间，医调委也多次联合卫生局对这起医疗纠纷进行讨论。

9月22号，这桩本已中止的医疗纠纷调解出现了重大转机。按照医患双方的意愿，调解程序顺利重启：

（录音，现场音压混）

调解员：医调委最终的讨论意见是：医方承担主要责任，承担60%的责任，在这个基础上进行调解、测算。今天咱医患双方各自表个态。医方您的意见是什么？

医方：我院同意保险公司和医调委共同商定的责任等级

并同意赔偿。

患方：我个人对这个院方承担主责应该说是认可。

……

在调解员和保险理赔员的见证下，医患双方签订了协议。其中规定：医方向患方赔付40万零1千元，款项在医患双方交齐要件后十个工作日内由保险公司拨付到患方账户。

至此，负责调解这例纠纷的调解员张景文总算长舒一口气：

（录音）医疗纠纷不存在满意，要说满意他愿意要人他不愿意要钱，所以说只能相对说话，他能接受或者说你得让人家忍得住。

调解结束后，患方家属握着调解员张景文的手说：

（录音）我到现在为止我很委屈，我很勉强接受这件事（哭），（调解员：是，我知道，）我对您对我的付出，我认可。

医方代表在调解结束后说，以往医院曾因医疗纠纷发生过"医闹"事件，医院基本上束手无策：

（录音）以前摆灵堂、哭丧，甚至还有过激行为：停尸。自从2009年2月1日起，天津市医调委的成立应该是给我们医患双方提供了一个构建和谐医患关系的桥梁。我们很多的案件，基本上大部分全部都在医调委能够顺利地解决。快捷、迅速地解决纠纷，这就是医患双方最根本地达到这个目的。

从2009年2月1号至今，天津市医疗纠纷人民调解委员会以独立第三方的身份免费为医患双方调解了1959件医疗纠纷，调解成功1555件，调解成功率达87.2%。医调委主任欧阳澍说：

（录音）我们追求的理想是什么呢？通过医疗纠纷调解，

促进社会的公平与正义。社会的公平也好，社会的和谐也好，应该有条准绳，就是围绕法律这条准绳。只要大伙儿都遵守法，都按法办事，恐怕社会的和谐、正义、公平实现得就快一些。

记者了解到，在天津医调委成功调解1500多件医疗纠纷的背后，是一个多部门协同的系统工程，除了市财政每年200万元经费的支持，还有司法部门的业务指导和卫生、保险、公安等部门的配合。目前，市人大正在考虑将《天津市医疗纠纷处置办法》改为《天津市医疗纠纷处置条例》，使之提升为地方性法律法规，这将对医疗纠纷人民调解机制的完善和发展提供法律依据。

（作者张清森，天津广播电视台滨海广播《滨海第一线》2013年9月28日播出）

四、写作题（本大题共2小题，第1小题30分，第2小题10分，共40分）

1. 请根据下列材料撰写一篇电视评论，500字左右。

截至目前，吉林宝源丰禽业公司火灾致120人遇难、77人受伤。面对如此重特大事故，人们不禁要问，到底是什么原因会造成如此惨痛的伤亡？

求生无门，是获救者最痛苦的记忆。

“我们拼命跑到门边，可门打不开，大家只能又往别的出口跑……”受伤员工说。后期进入现场勘查的人员向记者证实了这一点。

据介绍，过火车间共6个门，但只开了1个，其余5个门全是锁着的。就在这几扇无情紧闭的大门边，现场的情形令人触目惊心。

“平时工人上班后，车间大多数门都会锁上，主要是走更衣室那个通道。”公司员工封岩告诉记者。

生产过程中，为何要把大多数门锁上呢？

一种说法是，锁门是为了确保封闭消毒效果。每名员工进车间前，都要经过严格消毒。但也有员工表示，锁门是“为了避免工人来回走动，干扰生产秩序”。

记者了解到，宝源丰禽业公司几年前通过了国际质量体系认证和国际食品安全管理体系认证，是吉林省“百强农产品加工企业”、长春市“农业产业化重点龙头企业”。确保食品质量安全、加强企业管理看似合理，但有关现场勘查人士指出，“锁门”之举折射出该公司在保障职工安全方面意识淡漠，突逢重大事故时，人为地让“生门”变成了“死门”。特别是作为一家劳动密集型企业，在这方面本应格外注意。

采访中，记者发现，企业疏于安全教育，是造成职工伤亡惨重的又一原因。

“眼前通红一片，全是烟，还能闻到一股刺鼻的味道，我们都蒙了，下意识地跟着人流跑。”幸存员工王秀娟说，“逃命过程中，很多人摔倒，你挤我，我压你，互相踩踏，乱成一片。”

脸部烧伤的员工王荣丽告诉记者，她当时根本不知道该怎么做。她参加工作2年多，从未接受过安全教育培训、没参加过任何防火演练，甚至连车间是否备有灭火器都不清楚。

“最基本的消防设备都没有，车间里没有应急照明灯、没有灭火器，也没看到过消防栓……”很多员工告诉记者，当时现场一片混乱，没人带头指挥逃生、救援，甚至连“掩住口鼻”等最基本的自救方法，也几乎没员工知道。

火灾发生后，空气中有强烈异味，周围3000名群众被疏散。据参与救援的消防部门推测，车间速冻系统的连接管道中有液氨泄漏。液氨是强腐蚀性有毒物质，易挥发、燃烧。要让氨保持液态需极大压力，而在压力特别大的情况下，一旦遇到外界撞击或是温度过高，就易产生爆炸，液氨蒸气可强烈刺激呼吸道黏膜和眼睛，引起窒息。

记者从当地医院获悉，除烧伤外，受伤员工多为吸入氨气及其他有毒气体造成的呼吸道水肿。

然而，受访员工大多告诉记者，他们并不知道厂里有液氨存在，也没人告诉过他们相关防护知识。一名40多岁的员工，惊讶地对记者说：“我刚入厂时，总闻着有股怪味，问别人都不清楚，只说禽类公司就这个味儿，后来也习惯了。”

对此，有关人士在接受记者采访时表示，保护员工在生产作业中的安全，是企业义不容辞的责任。只有做好职工日常劳动保护，才能使职工在有毒有害工作环境下少受伤害，只有平时树立牢固的安全意识，才能减少事故的发生，也只有加强消防知识普及和险情应对教育，让每个职工都掌握科学自救措施，才能最大限度减少职工生命财产损失。但很遗憾，作为一家年销售收入近4亿元的民营企业，宝源丰禽业在这方面做得显然远远不够。

采访中，问及企业是否为职工上了工伤保险、医疗保险时，大多数员工的回答是“不清楚”。一位34岁的员工说：“当初就奔着每月能开一两千元工资来的，至于劳动合同上具体怎么写的，公司给没给上保险，都不清楚，也没考虑过。”

也许，正是这一系列的“不清楚”、“没考虑”和疏忽，关上了这个企业120名罹难职工的“生命之门”。

（彭冰、刘文卷、李一平，《工人日报》2013年6月5日刊发）

2. 请根据下列材料撰写广播消息导语一则。

今天下午，上海青浦区练塘镇老朱枫公路6186弄21号的上海焦耳蜡业有限公司发生爆炸。事故发生后，青浦消防部门迅速抵达现场进行处置，并展开搜救。初步了解已造成2人死亡，现场可能有人员被困。具体事故原因，安监部门已介入调查。

据公开资料显示，上海焦耳蜡业有限公司是一家集科研、生产、销售为一体的综合型化工企业。该公司成立于1997年，并生产自主研发的透明果冻蜡，2000年初基本完成了系列乳化蜡的开发工作。2014年底开始大量销售相变蜡储能材料。该公司主要研究开发特种蜡、合成蜡，申请了国家多项专利技术。2011年底获得上海高新技术企业称号。

模拟试卷（五）参考答案

一、单项选择题（本大题共 20 小题，每小题 1 分，共 20 分）

1. A　2. D　3. D　4. B　5. A　6. C　7. D　8. A
9. C　10. C　11. C　12. B　13. B　14. B　15. A　16. D
17. A　18. C　19. A　20. C

二、多项选择题（本大题共 5 小题，每小题 2 分，共 10 分）

1. ABCD　2. ABC　3. ABCD　4. ABCD　5. ABD

三、案例分析题（本大题共 2 小题，每小题 15 分，共 30 分）

1. 答题要点：

视角独特，采访深入，出租车司机的视角展现了从出租车行、运管处、派出所、宾馆、火车站采访到敦煌市的三大景区找失主的全过程。线索清晰，层层推进，事件链条完整，叙述曲折起伏，电视新闻手段运用到位。

2. 答题要点：

报道跟踪一例医疗纠纷一波三折的解决过程。面对棘手的案例、复杂的人性，医调委的工作人员在依法调解的前提下，结合“情、理、法”开展工作，最终使一桩走入僵局的纠纷峰回路转，妥善解决，彰显公平、正义。报道深入采访，展现具体个案解决过程，以点带面，展示了天津在探索解决医疗纠纷、化解医患矛盾所形成的有效机制。

四、写作题（本大题共 2 小题，第 1 小题 30 分，第 2 小题 10 分，共 40 分）

1. 答题要点：

注意自选角度，找准评论切入点，叙议结合，由浅入深，遵循电视评论的语言要求，通俗易懂，简练清晰。

2. 答题要点：

材料中最主要的新闻是上海一公司爆炸致 2 人死亡，该公司曾获市级表彰，在导语中可突出此要点。

《广播电视业务》模拟试卷（六）

1. 笔试题满分为 100 分。
2. 笔试考试时间为 150 分钟。
3. 考试方式为闭卷考试。
4. 试题类型包括选择题、案例分析题、写作题。

一、单项选择题（本大题共 20 小题，每小题 1 分，共 20 分）

1. 新闻业最基本的准则是（　　）。

A. 真实性　　B. 客观性

C. 显著性　　D. 趣味性

2. 深入采访的主要标志是（　　）。

A. 深入基层群众，"蹲点"调查

B. 抓住事物特点，透过现象揭示本质

C. 既要"身入"，又要"心入"

D. 挖掘深度报道的所需材料

3. 关于电视消息标题说法不正确的一项是（　　）。

A. 电视消息标题以虚题为主

B. 电视消息标题多为单一结构

C. 电视消息标题要高度概括

D. 电视消息标题要新颖独到

4. 要求在消息第一段交代新闻核心要素的导语称为（　　）。

A. 自由式导语　　B. 直接导语

C. 延缓式导语　　D. 第三代导语

5. 对广播电视新闻专题的结构描述不正确的一项是（　　）。

A. 力求脉络单纯清晰，层次井然有序

B. 双线交织安排结构，丰富报道内容

C. 讲究顺应时间、空间或逻辑顺序来安排材料

D. 在逻辑过渡上顺乎思路

6. 编辑修改稿件要尊重原稿风格，即要尽量保持原作者的（　　）。

A. 表达事物的方式

B. 思想倾向

C. 语言个性

D. 处理题材、表现手法和语言风格特色

7. 新闻标题《马英九卸任，步出领导人办公室》，突出了新闻价值中的（　　）。

A. 接近性　　B. 重要性

C. 显著性　　D. 趣味性

8. 以下对广播电视新闻消息的描述不正确的一项是（　　）。

A. 新闻报道应完备地表述事实通常应具备六个基本要素，即何时、何地、何人、何事、何故和如何

B. 导语是整篇消息的第一个单元，它应以凝练简洁的语言向受众告知最重要的新闻事实

C. 可恰当运用背景材料揭示事物的意义和联系，引起受众的思考

D. 需遵循广播电视的传播规律，以便于声音或声像传播、便于用口说耳听的方式方法描述事物

9. 以下对现场新闻采录过程的描述不正确的一项是（　　）。

A. 在有伴随事物发展变化而发生的声音中，往往说话声、环境声混杂，对于这类音响一般只能力求主体音响基本清晰

B. 尽量捕捉能更好地表现人物或事物的个性的音响

C. 记者通过选择和控制采访对象和时间，尽最大努力防止和消除来自周围环境的噪音

D. 采录时要力求采访的客观真实原则，新闻记者不能调配和控制采访节奏

10. 以下对摄像采访描述不当的一项是（　　）。

A. 对非事件性新闻的采访，可以先作文字采访，再作摄像，意在摄先

B. 对突发事件的新闻采访，只能采取摄像文字同步的采访方式，事后无法补充采访

C. 对先进人物事迹的采访，可以先构思拍摄方案，甚至可以先撰写好报道词然后再去拍摄

D. 对追捕罪犯的新闻采访，可先拍摄现场，后作文字采访

11. 分析性消息在整个新闻报道体系中有不可或缺的地位，对其特点描述不当的一项是（　　）。

A. 它直接亮明观点、表达意见，有助于强化新闻和大众传媒的言论功能

B. 它只能从生活角度关注新闻，为大众提供参考性信息

C. 它可以让受众直接听到记者的声音，实现“直接交流”

D. 它可以为受众提供多元的、深层次的信息服务

12. 以下选项中，应尽量减少（　　）对广播电视节目编排的影响。

A. 媒介自身的传播理念

B. 栏目定位

C. 对受众收听收视心理的把握

D. 记者编辑的偏好

13. 以下说法有误的是（　　）。

A. 为了增加情节吸引力，可适当虚构想象

B. 情节应进行适当提炼，展示冲突

C. 情节可以是完整的，也可以是片段的

D. 情节可以是叙述性的，也可以是描写性的

14. 以下对人物语言特写在广播电视新闻中所起的作用描述不当的一项是（　　）。

A. 人物语言以直接引语的方式出现，增强真实性

B. 恰当引用人物原话，可表达记者想表达又不方便表达的评价意见

C. 让新闻事件的当事人或目击者说话，可增强生动性和可读性

D. 引用人物语言，让新闻事件的当事人充分表达自身诉求

15. 以下对电视新闻杂志节目的特征描述不当的一项是（　　）。

A. 节目的兼容性　　B. 编排的板块性

C. 内容的针对性　　D. 多采用主持人的形式

16. 以下对电视专题报道描述不当的一项是（　　）。

A. 以某一新闻事实为中心

B. 是对电视新闻长度的延伸

C. 对新闻事实作出详尽深度的报道

D. 电视专题报道一般和电视消息同步播出

17. 电视片中声音与画面的关系常见的组合形式，以下错误的一项是（　　）。

A. 声画同步　　B. 声画分离

C. 声画对立　　D. 声画对接

18. 电视新闻的本体一般由（　　）三部分构成。

A. 导语、主体、结尾

B. 背景、正文、结尾

C. 何时、何地、何事

D. 发生、发展、结束

19. 电视评论的特点不包括（　　）。

A. 新闻性　　B. 议论性

C. 形象性　　D. 客观性

20. 以下对电视述评的描述不当的一项是（　　）。

A. 选题恰当与否，是成功的首要环节

B. 强烈的思辨色彩，是电视述评的个性

C. 由事阐理，以理评事，事理相连

D. 写作上要先叙后议

二、多项选择题（本大题共 5 小题，每小题 2 分，共 10 分）

1. 在新闻报道中对事实的报道必须准确无误，其含义包括（　　）。

A. 构成新闻的要素“五个 W”要准确无误

B. 事实的细节描述要有根有据，符合实际

C. 新闻中使用背景材料要真实可靠

D. 新闻中所概括的事实要符合客观实际

2. 以下对广播电视现场报道的特点描述正确的选项是（　　）。

A. 立足新闻现场，即一切以现场发生了什么为核心，不能使用现场以外的材料

B. 对现场的信息进行加工和梳理，使信息更加有序化、浓缩化

C. 在题材选择上要求现场的时间、空间相对集中

D. 记者能以恰当的角色进入现场，以目击者、参与者等身份在现场作报道，可以增强报道的可信性和感染力

3. 以下对新闻采写中同期声运用的描述正确的选项是（　　）。

A. 引用新闻报道中不同社会身份、不同个性的人物所说的话，增强报道的现场感

B. 引用同期声可表明消息来源，增强新闻报道的真实性和客观性

C. 记者可以借助新闻报道中的人物之口，讲出自己希望说又不便直接出面说的话

D. 新闻报道中的同期声可以来自对新闻事件作出解读分析的权威专家

4. 新闻评论进行舆论监督常用的方法有（　　）。

A. 批评与表扬相结合

B. 点名批评与不点名批评相结合

C. 公开批评与内参相结合

D. 反映群众意见，引导群众参与

E. 争取执纪执法部门配合

5. 下列关于全媒体报道的说法正确的有（　　）。

A. 全媒体报道的基础是媒体融合平台

B. 全媒体报道综合运用多种表现表达手段

C. 全媒体报道可实现新闻生产资源的有效共享、新闻传播渠道的无缝覆盖

D. 全媒体报道可通过多种渠道和终端传送

E. 全媒体报道有利于受众互动参与

三、案例分析题（本大题共 2 小题，每小题 15 分，共 30 分）

1. 分析下列广播消息结构特色。

辽宁在全国首开“雾霾罚单”，八城市被罚

（导语）昨天上午，辽宁省环保厅联合财政厅对环境空气质量超标的 8 个城市进行处罚。省级环保部门就空气质量问题向下级人民政府开出罚单，这在全国还是第一次。请听报道：

（正文）（出录音：本次罚款由省环保厅和财政厅联合操作，罚缴资金在年终结算时从下级财政资金中直接扣缴……压混）

在发布会上，辽宁省环保厅负责人表示，从去年5月到今年10月末，辽宁省空气污染超标的8个城市需要缴纳罚款共计5420万元。

（出录音：沈阳3460万元，鞍山780万元，辽阳500万元，葫芦岛300万元……压混）

近年来，全国各地多次遭遇持续雾霾天气，辽宁省的环境空气质量同样不容乐观。此次罚款，是依照《辽宁省城市环境空气质量考核暂行办法》中的规定，对造成雾霾天气的主要污染物进行监测考核，超标越多罚款越多。因此，这份罚单也被称作“雾霾罚单”。辽宁省大气污染防治管理中心主任孙鹏轩：

（出录音：我们是按照国家的标准，超过日均值一定幅度以内，我们是黄色通报各市，但超过一定幅度之后，我们才会采取这种罚款的措施来督促地方政府，加快治理，加强治理。）

在被处罚的城市中，省会沈阳的空气质量超标最为严重，单单是今年前三个月，沈阳的空气超标天数比例就超过了70%，空气污染程度创下近53年之最，沈阳也领到了最重的一张罚单。沈阳市环保局相关负责人坦言，面对全省倒数第一的现实，压力很大：

（出录音：我们是省会啊，各项工作在全省都是第一第二，在环保这个事我们被罚的最多，这种压力我们已经感受到了。只能更严格执法，更严格地监管，更有效地改善环境。）

统计数据显示，12月前十天，全国超过70%的主要城市环境空气质量超标，雾霾已经成为困扰全国的普遍问题。辽宁省社会科学院低碳发展研究所所长毕德利表示，全国首开罚单，意味着辽宁的空气污染治理已经拿出了硬措施：

（出录音：这个罚单就是一种问责，他首先代表了一种责任，空气质量不好，我们的政府部门是要负责任的。另外就是空气治理不力，要受到处罚。而且，这种处罚是有法可依、有章可循的，这种实实在在的措施让我们看到了希望。）

据了解，这次罚缴的5420万元罚款将全都用于辽宁的大气治理蓝天工程。

（作者那其灼、林凌、郭亚男，辽宁广播电视台综合广播《新闻大视野》2013年12月11日播出）

2. 请分析下列电视评论的特色。

土地流转谨防“隐性流失”

片头：土地流转，大势所趋。但存在的问题，也不可小觑。

（同期声）流转以后的土地啊，不种粮食了。我们明明是百多亩田，两百亩田不到，他讲有五六百亩田。

耕地需要保护，老板需要赚钱。

（同期声）我不赚钱，我让它长茅草的。那农民肯定是吃亏的。

国土部门制止，老板却另有对策。

（同期声）两个月以后我又“杀”回来了。

在土地流转的过程中，怎样防止“隐性流失”，就像土地流转本身一样，值得关注！

（导语）“远看是个村，进村不像村，老屋没人住，田地杂草生。”这首流传已久的打油诗，字里行间透着一丝荒凉，也道出了一些“空心村”的尴尬与无奈。随着经济社会的发展，大量青壮年劳动力背井离乡，外出打工，导致农村空置的民居越来越多，荒芜的田地不断增加，土地流转也就很自然地摆到了农村工作“大年三十的砧板”上。应该说，最近几年，全国各地的农民都在试探性地进行着这一新的改革，或者说是新的尝试，他们有意无意、或长或短地流转着各自承包的土地，并取得了一些成效。但是，在土地流转的过程中，也出现了一些不容忽视的问题，我们一起来看一看。

（配音）在冷水滩区伊塘镇的姚家村，蒋六国正在和村里的10多个村民一样，在本村已经流转出去的田地里忙乎着。

（同期声）冷水滩区伊塘镇姚家村村民蒋六国：原先种水稻嘛。

记者：现在准备种什么？

蒋六国：现在种草。

（配音）蒋六国所说的种草，其实是对承包人的一种讽刺。他说，村里这些“留守”的村民因为年纪大了，没有外出打工，稻田流转给蔬菜老板以后，原以为种菜需要劳力，他们除了田租，还可以在家门口得到另外一份替老板种菜的“工资”。然而遗憾的是，几年过去了，这里却没有任何动静。

（同期声）冷水滩区伊塘镇姚家村村民蒋六国：

记者：你这个田租给他们有多久了？

蒋六国：租了有三四年了。

记者：三四年了一直什么都没种？

蒋六国：他种什么？他种什么？他都是（长）草。

（同期声）冷水滩区伊塘镇姚家村支书蒋先礼：他本来这个田全部是插优质稻，种两季稻的，种两季稻，这个全部是稻田，他就放在那里荒起来了，把别人的稻田变成荒山了。

（同期声）冷水滩区伊塘镇姚家村村民李善吉：再早几天这里还是“北大荒”。

（配音）土地流转之后，为什么三四年时间都荒在那里，不去耕种呢？对于这样的事情，承包老板也有自己的看法。

（同期声）冷水滩博园林业科技发展公司董事长赵言军：土地这个流转的问题本来是个复杂的问题，因为必须要因地制宜。如果讲，我这个土地，打个比方，我赚不到钱，你讲得个“花”出来，我不得给你（种），我要赚钱，我不赚钱，我让它长茅草的，对不起，拜拜，我长草不关你的事。

（配音）老板承包土地进行规模化经营，肯定是要赚钱的。但是，怎样赚钱，却各有各的“门路”。有的靠种地赚钱，赚的是正道上的钱，但也有一些老板，他们走的却是歪道。

（同期声）冷水滩区伊塘镇姚家村村民蒋六国：他搞国家一点钱的话。

记者：搞国家的钱是什么意思？

蒋六国：国家搞点项目钱，他（承包老板）就搞一下，搞不到项目钱，他就荒到这里了。

（配音）据记者了解，对于农田国土整理和大户种植，国家都有一些项目资金和各种补贴进行扶持。这家老板之所以承包稻田之后，一直荒芜长草而没有耕种，原因就是还没有搞到国家的项目资金。听说最近已经有了“眉目”，所以才把这些长满了草的稻田翻耕过来，开始修筑排灌水渠。

（同期声）冷水滩区伊塘镇姚家村村民蒋六国：老板不这么搞一下的话呢，国家的项目资金他就搞不到了。

（同期声）冷水滩区伊塘镇姚家村村民李善吉：应付嘛，不然国家资金怎么搞得来呢。

（配音）除了应付，村民们说，他们还谎报了虚假数字，变着法子欺骗有关项目的检查验收人员。

（同期声）冷水滩区伊塘镇姚家村村民蒋六国：我们明明是百多亩田，两百亩田不到，他说有五六百亩田，他的钱就搞得多些嘛。

记者：就是把这个面积夸大了？

蒋六国：嗯，夸大了。我们原先下面，包了六十亩田给那个老板，六七十亩，他说三百亩田，那个牌子还在那里呢，三百亩。

（配音）这样的做法，农民刚开始并不清楚，后来由于被一些“知情者”识破，农民在流转土地时，也就多了几分担心。

（同期声）冷水滩博园林业科技发展公司董事长赵言军：（农民担心）最主要一点，这个老板在这里把这个土地“骗”下来，怕你就是“套”哪个的钱了，担心你把政府的钱“套”了就走了，你就不管我了，我到时候那个租金问哪个要都不晓得。

（口播）如果说，利用规模种植，套取国家相关资金和银行贷款的做法，只是土地流转中需要引起注意的一个问题。那么，改变土地用途，忽视粮食生产的做法就是另一个比较普遍的问题了。

（配音）由于永州的地理位置靠近广东，清早采摘的新鲜蔬菜，下午就能卖到珠三角和港澳地区。因此，很多外地老板到我市流转土地，都是把那些交通方便，水利条件好的大片稻田租赁下来，然后改种了蔬菜。

（同期声）新田县秀峰无公害蔬菜开发公司总经理刘道忠：我们（流转）的新闻发布会一开完了，他就过来马上就在这个2800多亩地，看了以后全部把它拿下来了。

（配音）刘道忠说，2800亩地，对于承包人来说还只是一个开端，现在公司已经与县里签订了流转合同，收割晚稻以后，要把蔬菜基地扩大到一万亩。那就意味着，这里的一万亩稻田，已经不可能再生产粮食了。

（同期声）冷水滩区伊塘镇茶花村主任黄卫国：种稻田呢，确实经济价值太低了，算你800斤一亩，1000斤一亩，你只是1000多块钱。

（同期声）道县营江乡营江办事处村民何连豪：种田一年，一亩田的话除去成本，大概一季就是500块钱最多了，纯收入。但我们在这里（指蔬菜基地）做一个月工的话，一般的1500到2000元左右，讲实话，你种田你种不出这个钱来啊。

（配音）由于受到种粮食不赚钱的思想影响，把大量的水稻田集中起来，流转给种植大户改种蔬菜、水果、烤烟或各种苗木的现象遍地开花，可以说，每个县都存在类似的问题。有的地方甚至还把这一做法当作经验来交流。

（同期声）道县县委副书记、县长秦志军：今年我们在祥霖铺、清塘、营江成立了三个土地流转信托有限公司，这三个试点今年新流转土地三万多亩。

（配音）在这三万多亩流转的土地中，其中大部分土地都没有用来种植粮食。

（同期声）道县祥霖铺镇土地流转信托公司董事长张治群：全镇目前流转的土地面积，就是公司成立以来1.39万亩，包括5100亩的烤烟种植面积，2500亩的油菜种植面积，亚洲果业3300亩的美国葡萄优质地。

（同期声）冷水滩区伊塘镇党委书记艾可想：这一片全部是苗木，这一片全部是蔬菜。

（配音）在冷水滩区的伊塘镇，这里成立了全省第一家土地银行，原本是为了探索一套规范有序的流转办法。但是，也仍然没有走出改变土地用途的怪圈。

（同期声）冷水滩区伊塘镇姚家村支书蒋先礼：

记者：你原来这么一大片都是水稻田？

蒋先礼：嗯，全部是水稻田。

记者：水稻田，现在全部改成种蔬菜了？

蒋先礼：嗯，对。

（同期声）冷水滩区伊塘镇党委书记艾可想：这个流转以后的土地啊，不种粮食了，不种粮食了，种西瓜、种香芋、种蔬菜，是有个这样的“非粮化”的问题。上次一个苗木老板准备在那里流转，后来被国土局发现了，狠狠地把我们批评了一顿，这个坚决不能种蔬菜的。在全国都存在一个“非粮化”的问题，不种粮食了，种蔬菜，种苗木。

记者：如果都这样的话，那很危险？

艾可想：那很危险！

（配音）然而遗憾的是，尽管挨了国土部门的批评，大家也都意识到了土地流转“非粮化”的危险性。但是，最终还是因为承包老板通过各种关系，把这片稻田“变通”成了一个“果蔬示范基地”。

（同期声）湘鲁生态果蔬观光示范园总经理骥瑞胜：两个月以后我又“杀”回来了！8月27号到9月9号我就开始育苗了，我们现在这些棚子马上盖好薄膜以后，马上就可以栽进去，十一月中旬我们保证有新鲜的蔬菜上市。

（配音）据统计，我市近年来，耕地、林地等流转面积已达到305万亩，约占农地总面积的13.2%，其中稻田面积超过了一半。在流转过程中，虽然涌现出了闻名全国的祁阳种粮大户项兆旺；零陵区“种三产四”超级稻也产生了多个万亩连片示范基地，全区总面积达到63万亩，让人们欣喜地看到了“三分地养活一个人”的希望。但是，大面积连片改变耕地用途、不再种植粮食的现象也是数不胜数，随处可见。而且，不只是永州，从各种媒体上我们也经常可以看到，很多所谓的“成功范例”都是如此，大量种植水稻的良田流转之后就改种了其他产品。《中国国土资源报》最近载文指出，目前全国承包土地流转面积3.1亿亩，其中流入工商企业的耕地为2800万亩，而用来种植粮食的却只有6%。因此，对于粮食安全的担忧，自然也在一些农民的心中挥之不去。

（同期声）冷水滩区伊塘镇姚家村支书蒋先礼：这样（下去）明天全国到处种蔬菜，你去哪里买（粮食）呢？你走外国去买啊？所以讲要引进那些种超级稻的，优质稻的，种那个高产的（水稻）。

（同期声）冷水滩区伊塘镇姚家村村民蒋六国：我们全部把田包给他们的话，卵子那吃屎了。

（口播）话虽然说得有些难听，但这种担心却不无道理。众所周知，中国是一个人多地少的国家，粮食供求“结构性紧缺”的状况一时还难以改变。因此，“十八大”报告强调指出，“在任何情况下都必须坚持最严格的耕地保护制度”，“绝不允许超越18亿亩耕地保护红线”。而湖南作为我国七个原粮净调出省份之一，水稻产量全国第一；永州作为湖南的粮食主产区，基本农田保护面积又居全省第一。那么，在土地流转中切实保护好耕地面积，更应该引起大家的高度重视。除此以外，让农民担心的还有流转合同的长短与租金的变化。

（配音）在道县营江乡芒头寨村，许多农民正在与流转大户签订承包合同。签订的时间是20年。

（同期声）道县营江乡芒头寨村村民何勇学：

记者：我看你们签这个合同，一签就签了二十年，这个头十年和后十年的租金（怎么算）？

何勇学：头十年和后十年，后十年550一亩吧，头十年是500元钱一亩吧。

（配音）从500元到550元，十年时间增加的比例是10%，应该说这只是一个不大的比例。但是，冷水滩区山门口村的村民们，把土地流转给种植大户，连这个不大的比例都没有。

（同期声）冷水滩区香花坝乡山门口村农民杨立名：70（元一亩），他是年年付钱付款的。

记者：每年付款，每年付款这个数字是不是一样的呢？是不是年年都70元？

杨立名：年年是一样的，是一样的。

记者：那10年以后呢？

杨立名：那我不晓得了。

（同期声）湖南名贵花木科技公司总经理杨纯刚：

记者：你（承包）这30年之内，每年都是70块钱？

杨纯刚：对。

记者：没得变动？

杨纯刚：嗯。这个没得递加的，固定的，合同上面是这么规定的。

（配音）据我们了解，一些地方政府将农民土地集中起来，流转给大户经营，条件好的水田每亩200到500元不等，旱土和山地40到80元不等，这在当前应该还算是合理的，农民也愿意流转。但如果像山门口村这样，30年以后还是这个价，恐怕就有些不合理了。

（同期声）冷水滩区伊塘土地银行行长伍诗仁：这个他因为土地流转老板他要成规模的、连片的一个开发，而且一签就是30年，甚至是40年、50年，如果说我们以现金来约束农业老板的话，那农民肯定是吃亏的。

（配音）的确如此，且不说物价飞涨，土地增值，就算什么都没有变化，也应该有一个递增的比例；或者，让农民以土地入股，参与分红；或者以实物来抵价，比如，一亩水田以300斤左右的稻谷市场价来计算，一亩旱土或山地以每亩20斤黄豆、50斤橘子或者2斤茶油为基准价来计算租金。这样，从长远考虑，无论是对土地的流转者，还是被流转者都是公平的，谁也不会吃亏。这一点，在祁阳县的土地流转中，就得到了普遍推广和流转双方的认同。

（同期声）祁阳县肖家村镇肖家村村民欧朝贵：拿这个土地来讲呢，大概是60块钱一亩，在目前。到了三年到四年以后，大概有110元。

（同期声）祁阳县农村经营管理局局长申庆宇：所以我们目前改革的一个最大的体会就是，土地流转一定要保护老百姓的利益。

（口播）土地流转，说得简单一点，就是要把土地交给那些会耕种的人来耕种，来实现土地的规模化、集约化经营，实现农业科技现代化，产生更大效益，利国利民。而不是让个别人投机取巧，钻了国家和农民的空子，造成种种“隐性流失”。因为是“隐性”，表面上很难看得清楚，容易被各级政府和农民本身所忽视，农业和国土部门也缺乏有效的监督机制。但如果放任自流，这种“隐性流失”就会变成一股暗藏的“潜流”，流失了耕地面积，流失了国家利益和农民的长远利益，不仅影响粮食安全，并可能最终成为阻碍土地流转和集约化经营的一种障碍。好，感谢收看今天的节目，下周同一时间，再会。

（作者唐小莽、周利国、蒋楠、阳冬霞、唐田，湖南永州市广播电视台新闻频道《一周关注》2013年10月6日播出）

四、写作题（本大题共2小题，每小题20分，共40分）

1. 根据下列材料撰写广播消息一则，300字左右。
2. 为第一题的广播消息配写短评一则，300字左右。

12月5日的拉萨，天高云淡，万里碧空。

拉萨经济技术开发区内，彩旗飘扬，礼花绽放。

来自各行各业的党员干部、居民代表、学生代表1100余人欢聚在这里，参加拉萨市城市供暖开通（运行）仪式，共同见证这一历史性时刻。

从此，拉萨市各族干部群众告别了烧牛粪、靠木材取暖的传统方式；用上了安全、可靠、方便的天然气。

从此，一股股暖流汇进千家万户，寒冷的冬天再也挡不住一个个家庭的“温暖如春”。

这是一项惠及各族群众的暖心工程、民生工程、生态工程、发展工程、幸福工程。

西藏高寒缺氧、环境艰苦，冬季时间长达 6 个月，属寒冷（A）区。城市冬季供暖既是困扰西藏多年的难题，也是广大市民渴望已久的一件大事。

在党中央、国务院的亲切关怀下，在各方的共同努力下，这项既关系各族人民群众福祉、又利于维护和谐稳定的重大工程于今年 4 月 28 日正式破土动工。

经过近 8 个月的奋战，今天正式开通运行，拉萨今冬 40% 的供暖目标将如期实现。

党和政府的关怀像春风般吹拂人心，拉萨市各族干部群众无不沐浴着党的阳光雨露。

广大市民无不交口称赞

“有暖气就是好啊，晚上屋里暖烘烘的，睡觉再也不用盖几床被子了。”

“活了 70 多岁，烧了一辈子的牛粪和柴火炉子，如今足不出户便用上了天然气，既干净卫生，又方便实用。这要是放在旧西藏，是想都不敢想的事情。”

“城市供暖工程，是党和政府为咱们老百姓做的一件实实在在的大实事、大好事。”

“以前，每到冬天，在家看电视都要裹上厚厚的棉袄，现在家里通了暖气，室内温度都有 20 多度，简直太舒服了。”

“外面寒风凛冽，回到家却是温暖如春，这一切都要感谢党、感谢政府的好政策。”

“今天工程的开通运行，解决了我们长期以来取暖难题，给我们居民生活和工作带来了便利，我们也真真切切感受到了党中央、国务院和自治区各级领导对我们的关怀，真真切切感受到了社会主义祖国大家庭的温暖。”

……

各族群众发自内心的话语，无不透着对这一民心工程的喜爱之情，无不透着对伟大的中国共产党的无限感激之情。

随着这一股股暖流流进千家万户，拉萨的冬天不再寒冷。

随着这一股股暖流流进千家万户，我们坚信，西藏各族人民的生活一定会越来越美好。

（本报记者李成业、孙开远，《穿越寒冬的温暖——拉萨市城市供暖开通（运行）仪式侧记》，《西藏日报》2012年12月6日刊发）

模拟试卷（六）参考答案

一、单项选择题（本大题共 20 小题，每小题 1 分，共 20 分）

1. A　2. B　3. A　4. B　5. B　6. D　7. C　8. A
9. D　10. B　11. B　12. D　13. A　14. D　15. C　16. D
17. D　18. A　19. D　20. D

二、多项选择题（本大题共 5 小题，每小题 2 分，共 10 分）

1. ABCD　2. BCD　3. ABCD　4. ABCDE　5. ABCDE

三、案例分析题（本大题共 2 小题，每小题 15 分，共 30 分）

1. 答题要点：

结构清晰合理，按照“雾霾罚单”罚多少、为什么罚、产生了怎样效果的线索，完整地报道了全国首份“雾霾罚单”的内容、影响和作用。内容全面，涉及“处罚者、被罚者、观察者”等多个侧面，简洁清晰地体现重大主题，结构突出主题，体现了广播特点。

2. 答题要点：

选题重大，主题有强烈的现实意义。采访到位，人物语言朴实无华、个性鲜明，揭示问题入木三分，具有很强的说服力。

四、写作题（本大题共 2 小题，每小题 20 分，共 40 分）

1. 答题要点：

提炼新闻事实，确定新闻要素；根据主题和事实特点确定消

息结构；根据结构和材料特点，确定导语类型、内容；表达符合广播规律；语言通俗、简洁、清晰，具体形象。

2. 答题要点：

自选角度，找准评论切入点，注意叙议结合，由浅入深，遵循广播评论的语言要求，通俗易懂，简练清晰。

《广播电视业务》模拟试卷（七）

1. 笔试题满分为 100 分。
2. 笔试考试时间为 150 分钟。
3. 考试方式为闭卷考试。
4. 试题类型包括选择题、案例分析题、写作题。

一、单项选择题（本大题共 20 小题，每小题 1 分，共 20 分）

1. 评价新闻媒体公信力的首要标准是（　　）。

A. 新闻真实　　B. 新闻客观

C. 新闻重要　　D. 新闻显著

2. 以下对新闻客观原则的描述有误的一项是（　　）。

A. 报道事实时，如实呈现事实的原貌

B. 对客观存在的事实，报道者应忠实记录

C. 报道事实时，应交代事实出处和消息来源

D. 新闻报道多以第一人称的口吻，增强真实性

3. 新闻记者是（　　）。

A. 自由职业者　　B. 现实生活旁观者

C. 真实生活的记录者　　D. 专业的调查人员

4.（　　）确定新闻报道的目的、范围、内容、重点等内容。

A. 报道计划　　B. 报道思想

C. 报道线索　　D. 报道框架

5. 围绕同一新闻主题从不同侧面、不同角度作多次、成组的报道称作（　　）。

A. 专题报道　　B. 追踪报道

C. 连续报道　　　　　　　　D. 系列报道

6. 不直接陈述主要新闻事实，而是运用描写、气氛渲染、解释、设问等手法先写一些相关的东西，再引出新闻事实。这类导语被称作（　　）。

A. 晾衣绳式导语　　　　　　B. 直接式导语

C. 延缓式导语　　　　　　　D. 核心要素导语

7. 以下对新闻采访活动描述最准确的一项是（　　）。

A. 记者主观反映客观的记录活动

B. 调查研究活动在新闻传播领域中的运用

C. 记者对现实生活有闻必录的传播工作

D. 新闻工作者为收集新闻素材而进行的调查研究活动

8. 电视新闻文字稿的最精华部分是（　　）。

A. 电头　　　　　　　　　　B. 导语

C. 本体　　　　　　　　　　D. 结尾

9. 新闻标题《郑州交警抗癌20年　6年吃流食用坏十余个搅拌机》，突出了新闻价值中的（　　）。

A. 重要性　　　　　　　　　B. 显著性

C. 接近性　　　　　　　　　D. 趣味性

10. 消息标题制作的虚实关系是（　　）。

A. 标题必须是实的

B. 标题必须是虚的

C. 标题可实可虚，但一定要有实题

D. 标题以实为主，以虚为辅

11. 以下对纵式结构描述有误的一项是（　　）。

A. 按照生活中发生的一连串故事的时间顺序，一次叙述

B. 按照一个事件的发生、发展过程，按时间顺序叙述下来

C. 将点与面结合，以点带面

D. 将多线条事实“编织”成单线条纵结构

12.（　　）角度有利于表现对象特征，画面庄重稳定、端正静穆。用于拍摄人物，画面中的人物仿佛与观众面对面交流。不过，拍摄角度的弱点是形体透视性差，缺乏立体感。

A. 正面方向拍摄　　B. 侧面方向拍摄

C. 背面方向拍摄　　D. 俯视角度拍摄

13. “昨日凌晨，普通高校第二批本科录取工作全面结束，230 所高校共录取 26692 名考生，其中文科 5478 人，理科 21214 人。至此，我省共录取新生 71342 人。”这则导语属于（　　）。

A. 第一代导语　　B. 第二代导语

C. 第三代导语　　D. 第四代导语

14. 以下选项中（　　）不宜用横向排列的结构方式安排材料。

A. 动态性新闻　　B. 经验性新闻

C. 分析性新闻　　D. 综合性新闻

15. 以下对现场直播的特点描述不当的一项是（　　）。

A. 节目播出与新闻事件或活动的发生发展过程同步

B. 现场直播切忌事先进行组织和安排

C. 通过迅速快捷的现场直播，在第一时间播出报道内容，树立自己媒体的权威

D. 现场直播所报道的内容往往都是具体的、动态的、事件性的，有利于展现广播电视具备的长处

16. 广播电视新闻稿件要具有可读性，服务不同层次的受众，顺应媒体的传播特性，需要在通俗性上下工夫。以下描述不正确的一项是（　　）。

A. 学会“第二种翻译”，用浅显的文字、生动的比喻讲述、说明报道中的内容

B. 巧妙地处理新闻报道中的数字，把抽象数字化为具体可知的事物

C. 满足受众需求，追求猎奇

D. 解决“新闻官腔”的问题

17. 节目编排包含着对稿件所反映的客观事实的评价，这种评价所依据的基本思想是（　　）。

A. 报道思想　　B. 编排思想

C. 报道计划　　D. 评论计划

18. 新闻评论的首要特征是（　　）。

A. 天然的论理性　　B. 鲜明的政治性

C. 广泛的群众性　　D. 强烈的新闻性

19. 以下对新闻述评与新闻综述两种新闻体裁描述不正确的一项是（　　）。

A. 新闻综述以向受众告知新闻事实为目的，新闻述评以表明作者的立场和主张为目的

B. 新闻综述主要特点在于对某些重要事件、重点工作或一个时期的形势进行综合性的叙述，新闻述评则主要通过评述结合的方式，表明作者的意见

C. 新闻综述重点在述，新闻述评重点在于评

D. 就篇幅而言，新闻综述的述往往多于评，新闻述评则是评多于述

20. 新闻舆论监督的客体不包括（　　）。

A. 公共权力　　B. 公共事务

C. 公众人物　　D. 公共关系

二、多项选择题（本大题共5小题，每小题2分，共10分）

1. 新闻报道之所以需要简讯，是因为（　　）。

A. 简讯篇幅短小，可多发稿，从总体上增加媒体的信息含量

B. 多发简讯可以活跃节目内容

C. 简讯是传播信息的有效手段

D. 简讯栏是信息集中地，可为记者提供能再利用的新闻线索

2. 新闻背景在新闻报道中的作用包括（　　）。

A. 说明交代　　B. 铺垫烘托

C. 分析解释　　D. 深化主题

3. 以下电视编排在进行影像组接时，描述正确选项是（　　）。

A. 保持镜头在时序上的连贯或者是镜头内容在逻辑上的连贯性

B. 镜头长度的处理一般要根据镜头内在信息内容的多寡和影像构成的繁简而定

C. 依照轴线规律，在影像拍摄与编辑中保证同一时空中相邻镜头间空间的统一感

D. 镜头衔接时较常规的方法是动接动，静接静

4. 在新闻述评中，述是肉，评是灵魂，在写作中应注意（　　）。

A. 感性叙述，理性评论

B. 因事论理，理由事出

C. 借人之口，为评增加权威性

D. 典型题材，全局观点

5. 关于死亡报道，以下做法正确的是（　　）。

A. 体现人文关怀，尊重死者及其家属的人格、尊严与隐私

B. 尊重采访对象，尊重死者家属接受采访的意愿，不干扰死者家属的正常生活

C. 死亡信息呈现要节制和适度，以尊重死者尊严，保护生者心理

D. 不详细描写自杀细节，包括自杀手段、地点、工具等

三、案例分析题（本大题共 2 小题，每小题 15 分，共 30 分）

1. 分析下列广播消息特色。

“树坚强”筑起三峡库区消落带“绿色长廊”

（导语）三峡库区成库之后，伴随着每年一次的冬季蓄水和夏季腾库，库区两岸出现了被人们称为缠在库岸的“一道伤疤”，这片高约 30 米的消落带成为库区一道新的生态难题。从 2009 年开始，万州区在三峡库区消落带进行植被恢复试验，经过四年多时间的观测，一种名叫中山杉的乔木经受住江水的考验，成为淹不死的“树坚强”。

（记者现场）这里是万州新田镇的长江边，这里成片的绿色乔木就是被称为水中“树坚强”的中山杉，随着库区蓄水，这片刚种植一年多的中山杉又将再次经受江水浸泡的考验。

（正文）去年三月库区水位消退后，万州区林科所在这里试验栽植了 15000 多株中山杉，树高在 1 米左右，栽植面积有 380 亩。万州区林科所所长任凭告诉记者：

（采访）去年经过了一次江水淹没浸泡，存活率达到 90% 以上，最高达到 97%，现在是在经历第二次江水淹没浸泡，如果经过这次浸泡后保存率能够达到 90% 以上，明年就可以对该树种在三峡库区进行逐步示范推广。

（正文）据介绍，中山杉是中科院南京林业所专家利用美国和墨西哥的杉树杂交选育而成，喜欢阴湿的环境。它能否成活的关键在第一年，第一年没有死亡，今后就能够存活下来。而在 2009 年初，首批栽种在万州沱口江边的 208 株中山杉，有 204 株经受住了江水反复浸泡，现在已是郁郁成林。

任凭告诉记者：

（采访）这片中山杉在冬季蓄水达到175米的时候，是全部被水淹没，淹没的深度达到10米以上，浸泡时间达到4至5个月，目前这片中山杉能够存活下来，我感到是个奇迹。

（记者现场）在沱口江边，我们看到了这片被称为“奇迹”的中山杉林。林科所的技术人员告诉我，四年前栽植时，树苗米径只有5厘米，就跟甘蔗差不多粗，现在达到了13厘米，有碗口这么粗。而苗高也由当时的4.5米长到了现在的8米多，几乎接近三层楼房的高度。

（正文）截至目前，万州长江边共栽植了500多亩，5万多株中山杉，成活率达到90%以上。这一突破性进展使得国务院三峡办将中山杉的推广种植，纳入了三峡后续项目规划，一期将投入524万元，在万州新乡、溪口等镇乡新栽植1500亩，并加快推进苗木基地建设。据任凭介绍：

（采访）通过目前来看，我们下一步计划准备对中山衫的品种、不同的淹没深度以及淹没过后的抚育管护措施，进行进一步的试验研究，最终逐渐将树种在三峡库区消落带进行逐步的示范推广。

（正文）今后，被称为“树坚强”的中山杉将在三峡库区消落带长成一片茂密的“水下森林”，发挥稳定库岸、抗浪固沙的作用，为保护长江筑起一道绿色长廊。

（作者吕治、吴狄，重庆市万州广播电视台综合广播《三峡新闻网》2013年9月17日播发）

2. 请分析下列电视新闻专题的特色。

矮寨大桥“蜘蛛人”

（上）

（导语）矮寨特大钢桁梁悬索桥距离地面超过300米，在这上面作业其难度可想而知，而大桥涂装工靠一根安全绳，游走在高空，像“蜘蛛人”一样，忙着为大桥进行最后的涂装扫尾工作，确保大桥在本月底通车。

（正文）

（画面）（苗家山寨木叶多，吹起木叶唱颂歌、唱颂歌，颂歌献给架桥人……）

（配音）今天距离矮寨大桥正式通车还有最后的几天，也是涂装工白广春和他的工友忙活的第506天。早上七点，白广春一天的工作就开始了。今年42岁的白广春，做了十多年的涂装，曾参与过中国许多大桥的涂装，是工地上的老师傅。

（配音）其实大桥涂装并不是简单的刷漆和涂料，是项细致活，不仅要保证把油漆刷得均匀，还得分毫不差地控制厚度。

（同期）矮寨大桥涂装工白广春：就是浮锈什么的，把它除掉，除掉之后再刷上灰泥漆，然后还有中漆、面漆，底漆是起防锈效果的，中漆是增加厚度的，面漆是防紫外线的。

（配音）在350多米的高空上，稍有不慎，后果不可想象。十多年的工作经验，白广春不仅速度比别人快，质量也比别人好，还敢到很多同事不敢去的高度作业。

（同期）矮寨大桥涂装工白广春：第一次上高空，那是2004年建杭州四桥。

记者：这么高空作业害怕吗?

白广春：2004 年一上去的时候，那时候是感觉有点怕，现在干习惯了、也不怕了。

（现场）（白广春接电话……）

（配音）这个电话是项目部安排他去查看一下主缆的涂装是否合格。主缆是整个矮寨大桥涂装工作最危险的地方，施工时特别建了一条通道，采用吊篮施工，施工完后通道拆了，主缆是圆的，行走非常危险，很少人敢上去。

（同期）矮寨大桥涂装工白广春：第一次上去的人，你最好是不要对下看，你要对天上看、对上看、或者平视，这样能改变一下你的视觉，改变了你的视觉以后，你的心里可能就有安全感了。

记者：这也是您教新手的方法吧?

白广春：对。

（配音）主缆是矮寨大桥的生命线，承担着整个大桥所有拉力。而涂装则关系到整个大桥的寿命，施工来不得半点马虎。

（同期）矮寨大桥涂装工白广春：清理上面的污垢，清完了刷油漆，刷底漆，底漆做完了做中间漆，中间漆做完了里面灌密封液，就是密封膏，密封膏搞完之后，还要再缠丝，缠完丝之后，我们还要清理做油漆。

（配音）经查看，这部分主缆施工都合格。他还得到靠近 100 多米高的主塔的主缆部分去查看，这段主缆和峡谷的相对高度有近 500 米，必须上主塔往下走检查，他得通过主塔的楼梯一步一步地爬上去。

（配音）涂装作业的时候，需要精神高度集中，绷紧一根弦，话不多就成了很多涂装工的“职业病”，由于主塔楼梯在作业，白广春还得等一会儿上去，他便与我们拉起了家常。

（配音）他告诉我们，家里父母年纪大了，还有九十多岁的老祖母，两个孩子正在读书，由于工作忙，平时很少回家，家里的十多亩地全靠妻子一个人，再过几年也就到了高空作业的年龄限制了，那时就回家种种地，不再做这种让家人每天都提心吊胆的工作。

（同期）记者：在这儿做多久了？

白广春：我在这儿做了一年多了。

记者：一年多，就回去过一次？

白广春：就回去一次。

记者：想家吗？

白广春：想家。

记者：最想的时候是什么时候？

白广春：最想的时候是过春节的时候，年三十我们有时候都在工作，就是初一初二有时候都在干活，那时候看人家全家都团圆了，我们还在工地上干活，特别是晚上吃年夜饭的时候非常想家，最激动的时候有时候都在掉眼泪，我干了十多年，起码有四五个春节是在工地过的，没有回家。

（下）

（导语）走基层、在岗位，今天请大家继续跟随我们的镜头，走近矮寨大桥的“蜘蛛人”白广春和他的工友们。

（正文）

（同期）记者：一般都是派你到比较危险的地方？

矮寨大桥涂装工白广春：对。因为我的经验比较多，对这方面也比较了解，干的时间长了，各方面的技术经验比较足，这个面又是垂直面，而且施工难度比较大，牵涉到人身的安全。

（配音）主塔看起来也就是三四十层楼高，可是爬上去并不简单。主塔内灯光昏暗，楼梯狭窄很陡，这就不仅要求涂装工的能力很强，而且心态要好。

（同期）矮寨大桥涂装工白广春：一上一下差不多大概要一个小时。

记者：一个小时，每天会有几个来回？

白广春：我们只是早上上去，晚上下来，中午送饭吃。

（现场）（爬楼……）如果累了，你可以休息一下……这是上横梁的顶面、这是上横梁的下面，我们马上就到了，上完这个楼梯就到上面了。

（配音）上到主塔已经是十一点多，早上六点半便吃了早餐的白广春，体力消耗大，再上主缆需要一个小时才能下来，他决定吃完午饭之后再到主缆去检查。热心的他没有闲着，帮工友们在主塔上刷起了漆。

（同期）矮寨大桥涂装工白广春：经常碰到油漆，你看手上，到处都是，衣服上也有。

记者：那洗得掉吗？

白广春：肯定洗不掉了，这种油漆洗不掉的。

（现场）白广春同事：半小时你上得来啊？

白广春：就是啊。

白广春同事：半小时你绝对上不来的。

白广春：现在没有送来你怎么办？

白广春同事：那今天就是十二点钟吃饭。

记者：那饭送上来了吗？

白广春：送上来了，找吊车往上吊，起码要半个小时。

记者：那像冬天的时候，饭上来不就凉了啊？

白广春：那怎么办？

（配音）由于吊车把饭吊上来的同时，还附带了一些建筑材料，放缓了速度，大家还得等一会儿，便就地休息。

（配音）涂装工侯绪勇和白广春交情最好，一起参加过鸟巢、杭州湾跨海大桥等重大项目建设。他比白广春大几岁，再过两年就到了高空作业的年龄限度。侯绪勇这个来自张家界的土家人，会唱民歌，会讲故事，工作之余是大家的快乐来源。大伙儿叫他“老猴子”，他在高空作业的时候，就灵活得像一只猴。

（同期）矮寨大桥涂装工侯绪勇：先用肥皂把脸洗干净，洗干净以后，然后用胶布粘、撕，就这样的，贴在那个脸上、撕掉，（油漆）就粘在胶布上了。

记者：疼吗？

侯绪勇：有点疼。

记者：每天晚上都得用肥皂，然后再撕一遍啊？

侯绪勇：对啊，那有什么办法？

（同期）矮寨大桥涂装工侯绪勇：看！像纸皮一样，比纸皮还硬了。

记者：一条裤子能穿多久？

侯绪勇：一条裤子最多也就是20来天吧。最多20天，20天就把它扔掉了，不能穿了、实在是不能穿了，因为它影响走路了。有时候那个裤子脱下来，立在那里都不会倒。

（现场）来，吃饭，吃饭……

（配音）在150米的主塔上一干就是大半天的活，大家又渴又饿，静下来吃饭，一个个都吃得津津有味。

（现场）吃饭……

（配音）白广春和侯绪勇吃完饭，大家起哄要老侯唱张家界的土家族民歌。

（现场）好歌儿圆又圆，好像珍珠挂满山，不行，不行，上不去……

（同期）矮寨大桥涂装工侯绪勇：（工友）人当中，我最快乐，真的是最快乐，笑料总是出在我身上。开什么玩笑，我都不会生气。因为人想多活几年的话，就要开心。

（配音）稍作休息，白广春又得忙活了，他爬上了相对峡谷高度达 400 多米的主缆，继续他的主缆查看。就这样，他又得忙活一个下午了。

（同期）矮寨大桥涂装工白广春：就是你看起来比较安全的地方，实际上是最危险的地方。那里……你看上去那里离桥面比较（近），你站在桥面上看，好像是有那么两三米或者四五米高，但是它离峡谷那就是 300 多米高了。

（配音）下午六点下班吃完晚饭，白广春在工地上遇到了两个老乡。由于矮寨大桥即将通车，有个老乡的妻子和孩子，从徐州赶来，看看丈夫参与建设的这座创“四个世界第一”的大桥。

（配音）白广春告诉我们，其实，他也挺想家人过来看看让他倍感自豪的桥，看到老乡的孩子，他也想起了自己的孩子。

（配音）由于白天忙主缆涂装检查了，当天还有一些任务没有完成，矮寨大桥通车在即，他邀上了另外一位老乡前去帮忙。

（配音）矮寨大桥的夜晚，灯光璀璨，在山的轮廓映衬下，美轮美奂。白广春来不及观赏这些，只是埋头在干活，因为脚下是300多米的高空，今天加班要到晚上十点多。马上就要通车了，他也可能参加另外的项目建设，不过我们想起了他白天给我们说的话。

（同期）矮寨大桥涂装工白广春：我在哪个桥干时间长了，都有感情，前面一个工地，在那儿干了七年，每次回工地的时候，真的有种回家的感觉。这个桥也来一年多了，在这呆时间长了，也是有感情的。我们每做完一座桥，真的，可以说在记忆里，肯定会留下一个很深刻的记忆。

（配音）白广春告诉我们，每完成一个工地，自己都充满了幸福，虽然很苦、很累，但是看着一条条公路、一座座大桥在大地延伸，他是倍感自豪。

（作者邓玉、李特生、向华、田欢，湘西广播电视台综合频道《湘西新闻》2012年3月29日、30日播出）

四、写作题（本大题共2小题，每小题20分，共40分）

1. 根据下列材料撰写电视消息一则，300字左右。

本报讯（记者孔令彬）　前天下午，病床上的程志刚把万元现金交到所在居委会负责人手中，委托居委会帮他资助社区困难儿童。记者了解到，72岁的程志刚是天津河北区福源公寓居民，这些年来热心公益事业，先后资助多位困难儿童上学，只要看到有困难的人或事，都会解囊相助；他还是公认的社区好人，为社区捐赠儿童滑梯，为社区自治捐款献计出力，并带动一大批人改善社区环境，使社区成为自治典范。他身患重病后，社区居民经常自发到医院看望他。他的事迹被居委会传到微信公众号后，在居民中引起强烈反响，被大家称为“身边的社区好人”。

榜样就在你我身边

福源公寓业委会李宝福：这位老人为社区做了这么多事，起到了很好的示范作用，带动很多人主动交管理费、清理社区环境，让脏乱差的老旧小区变了样子。榜样的力量巨大，身边好人让大家有所触动并行动起来了。

程志刚：为人处世一定要多做好事、多做善事，我父母是这样教育我的，我也是这样教育我孩子的，所以家里人特别支持我做这些。世间财富生不带来死不带去，为有需要的人、为社区多做点事是应该的。

奉献诠释生命价值

网友“知足常乐”：很多身边的榜样可能并无多么可歌可泣的事迹，但就是这些点点滴滴的小事才更彰显平凡的伟大。

教师张艾杨：这位大爷在病中仍不忘帮助他人，这给我们上了一堂多么生动的生命价值课。无论时代如何发展，世界怎样变迁，对人生价值的评判标准，应该是如一的，奉献是永不过时的生命价值所在。

愿社区好人越来越多

居委会工作人员宋春艳：社区好人们用身边事打动身边

人，更容易让大家产生共鸣，可接近、可理解、可学习，这些不起眼的“小人物”展现了不平凡的道德力量。希望有更多的社区好人带动大家，人人为社区、社区为人人，才能把社区建设得更为和谐宜居。

（记者孔令彬，《天津晚报》2015 年 5 月 23 日刊出）

2. 根据下列两则材料，分别撰写广播消息导语各一则。

（1）日前，我国目前首部关于我国社会主义诚信建设的权威研究报告——《中国诚信建设状况研究报告》在京发布。《报告》由中国政法大学中国诚信建设研究中心，联合政府部门、社会团体、新闻机构、教育界人士共同发布。报告指出：商业欺诈、合同违法、制假售假、偷逃骗税、学术不端等等诚信缺失问题，在一定程度上，已经成为影响和制约我国经济社会持续有序健康稳定发展的顽症。相关数据显示，我国企业每年因不诚信导致的经济损失高达 6000 亿元人民币。各种各类失信事件所以屡禁不止、频发不绝，主要原因是失信成本低、地方保护主义、监管缺位等因素。

（2）几天前，河南周口市郸城县第二实验中学收到了 2000 多册普法读物，而买这些书的钱都是当地一位 71 岁的普通农民——苏秀英捐赠的。今年春节前，苏秀英将一万元的捐款送到了郸城县教育体育局，未留下姓名就走了。工作人员决定把这笔钱先保存起来，同时寻找捐款者。5 月 6 日，老人再次来到教体局，她告诉工作人员，此前捐的那一万块钱，她希望能给学生购买普法类的图书。经了解得知，今年 71 岁的苏秀英和老伴儿平日就在村里种些庄稼和蔬菜，捐出的这一万元钱，苏秀英攒了三年的时间。而像这样的善举，她并不是第一次做。给留守儿童捐赠图书的事传开后，一家公益项目提出要给苏秀英颁发千元奖金，苏秀英拒绝了。

模拟试卷（七）参考答案

一、单项选择题（本大题共 20 小题，每小题 1 分，共 20 分）

1. A　2. D　3. D　4. A　5. D　6. C　7. D　8. B
9. D　10. C　11. C　12. A　13. A　14. A　15. B　16. C
17. A　18. D　19. D　20. D

二、多项选择题（本大题共 5 小题，每小题 2 分，共 10 分）

1. ABCD　2. ABCD　3. ABCD　4. BCD　5. ABCD

三、案例分析题（本大题共 2 小题，每小题 15 分，共 30 分）

1. 答题要点：

数据、记者现场描述、专家采访三结合，深入浅出，层层递进。内容科学，表达生动新鲜，可听性强，富有广播消息特色。

2. 答题要点：

通过白广春的个案，将矮寨大桥“蜘蛛人”特殊的工作环境和状态近距离地呈现在观众面前，镜头语言生动，视角独特，纵切式结构，清晰简明。

四、写作题（本大题共 2 小题，每小题 20 分，共 40 分）

1. 答题要点：

提炼新闻事实，确定新闻要素；根据主题和事实特点确定消息结构；根据结构和材料特点，确定导语类型、内容；表达符合广播规律；语言通俗、简洁、清晰，具体形象。

2. 答题要点：

（1）导语中可以突出主要新闻点“我国企业每年不诚信导致损失 6000 亿”。

（2）导语中可以突出主要新闻点“老人三年攒万元，购买图书赠学校”。

《广播电视业务》模拟试卷（八）

1. 笔试题满分为 100 分。
2. 笔试考试时间为 150 分钟。
3. 考试方式为闭卷考试。
4. 试题类型包括选择题、案例分析题、写作题。

一、单项选择题（本大题共 20 小题，每小题 1 分，共 20 分）

1. 以下对新闻敏感的描述不当的一项是（　　）。

A. 新闻敏感被称作“新闻鼻”，表明新闻敏感是与生俱来的品质，无法后天习得

B. 观察是记者新闻敏感的来源

C. 新闻线索能够触发记者的新闻敏感

D. 新闻敏感不是仅仅限制于采访阶段，在后期的稿件修改乃至如何编排配评，都需要很强的新闻敏感

2. 以下对新闻线索的描述不当的一项是（　　）。

A. 新闻线索只是一种片断的情况或是零碎的材料，完整性差

B. 记者要发现线索，往往带有比较大的偶然性

C. 新闻线索变动性大，经过延伸发展，可能是真相，也可能是假象

D. 新闻线索是第一手新闻事实

3. 深入采访的特点为（　　）。

A. 抓细节，抓镜头　　B. 抓特点，抓本质

C. 抓思想，抓主题　　D. 抓人物，抓事件

4. 以下对新闻价值重要性的分析不当的一项是（　　）。

A. 对自然环境有重大影响的事实

B. 对人类生活有重大影响的事实

C. 与人民群众利益紧密相关的事实

D. 与政界要人、商界名流、娱乐明星等公众人物相关的事实

5. 新闻标题《奥巴马越南下馆子：筷子用得溜》，突出了新闻价值中的（　　）。

A. 新鲜性、重要性、接近性

B. 新鲜性、显著性、趣味性

C. 新鲜性、接近性、重要性

D. 新鲜性、趣味性、重要性

6. 对记者的提问方式描述不当的一项是（　　）。

A. 对于社会经验丰富的采访对象，可适当采用开放式问题

B. 对于善于表达的采访对象可适当采用开放式问题

C. 对于某些关键细节，可采用闭合式提问，以求捕捉准确可靠的新闻事实

D. 对于不善言辞的采访对象或访问的初始阶段，可适当采用开放式问题

7. 消息开头叙述一个小故事、轶事，描写一段景物或场景，或引用一段直接引语或对话，然后再交代主要新闻事实。这讲的是(　　)。

A. 直接式导语　　　　B. 延迟式导语

C. 第一代导语　　　　D. 第二代导语

8. “他平缓而有节奏地飞跑到最佳点，突然背向横竿凌空跃起，巨大身躯拖着收拢的双腿向前飞去，以这样优美和谐风姿跳过 2 米 38 高度。一个新的男子跳高世界纪录诞生了。”这则导语类型属于（　　）。

A. 第一代导语　　　　B. 第二代导语

C. 第三代导语　　　　　　　　D. 第四代导语

9. 对广播媒体特性描述不当的一项是（　　）。

A. 覆盖面广，到达率高

B. 传播速度快，时效性强

C. 线性传播，选择性弱

D. 伴随性接收，信息接收随机性强

10. 对广播采录音响的真实性要求描述不当的一项是（　　）。

A. 所采录的音响必须绝对真实

B. 坚持采录的同步性，严格按音响本来的面目和实际发生过程进行采录

C. 记者在采录音响时，不能按照先验的主观意图，对采访对象进行“导演”和摆布，干涉音响实际发生的状况

D. 环境音响和背景音响，可以后期补录或是人工模拟

11. 以下对电视解说词的描述不当的一项是（　　）。

A. 电视解说词是协助性的，并非独立文体

B. 电视解说词是说明性的，并非修饰性文字

C. 电视解说词是口语化的，并非书面语言

D. 电视解说词是叙述新闻事实的，并非抒情或议论

12. 广播电视编辑的工作环节包括新闻节目生产过程中的（　　）。

A. 获取线索、构思、组织、加工

B. 确定定位、策划选题、实施采访

C. 构思、采访、组织、制作

D. 构思、组织、制作、播出

13.（　　）拍摄人物，可以赋予画面以崇高、庄严、伟大等内涵，激发观众的赞赏、景仰、自豪等情感。

A. 平角度　　　　　　　　B. 仰角度

C. 俯角度　　　　　　　　D. 背面方向角度

14. 以下对广播电视新闻的结构特点描述不正确的一项是（　　）。

A. 结构要力求多线索交织来组织新闻内容，表现新闻事件的复杂性和多面性，逐步切入主题

B. 结构层次应做到事实之间相互照应、环环紧扣，段落之间过渡自然、步步衔接

C. 应对核心信息加以强调和突出，应围绕核心信息选择材料和突出主干材料

D. 谨慎使用倒叙、插叙的表现手法

15. 以下对电视专题的开头方式描述有误的一项是（　　）。

A. 突出中心事实，勾起人们的视听欲望

B. 直接插入记者截取的现场事态

C. 以寓意的诗歌故事开头，之后迅速转入本题

D. 以记者作出直接判断和评论开头

16. 以下对系列报道的描述不当的一项是（　　）。

A. 从整体目标出发去选择每条新闻的组合排列，形成整体报道的综合效应

B. 在总主题的统帅下，每条新闻作纵向、横向开拓

C. 选择具体事实表现宏观主题

D. 系列报道中的单个报道不能独立成篇

17. 编辑人员的“再创作”工作，表现在进行编辑工作时，必须（　　）。

A. 忠于原稿　　　　　　　B. 尊重事实

C. 赋予原稿以新含义　　　D. 重新布局谋篇

18. 以下对新闻评论中论据的描述不正确的一项是（　　）。

A. 论据要真实　　　　　　B. 论据要精当

C. 论据要新鲜　　　　　　　　D. 论据必须有权威性

19. 相当于报纸社论的电视评论形式是（　）。

A. 本台评论　　　　　　　　B. 本台短评

C. 编后话　　　　　　　　　D. 新闻述评

20. 电视评论节目区别于报纸评论和广播评论的独特性是（　　）。

A. 真实性　　　　　　　　　B. 客观性

C. 形象性　　　　　　　　　D. 思辨性

二、多项选择题（本大题共 5 小题，每小题 2 分，共 10 分）

1. 在进行现场观察和采录时，新闻记者的角色定位可以是（　　）。

A. 新闻事件的目击者

B. 新闻事件的记录者

C. 新闻事件的参与者

D. 新闻事件的调控者

2. 对电视解说词的作用描述正确的选项是（　　）。

A. 协调画面信息，明确整体思路

B. 补充画面不足，完善形象报道

C. 升华画面内涵，深化主题

D. 语言引导，启发观众想象和联想

3. 以下对系列报道的特点描述正确的选项是（　　）。

A. 系列报道多为题材重大的非事件性新闻，通过系列组合报道，深入揭示主题

B. 系列报道应多角度、多侧面围绕同一主题反映各方面的情况，内容广博，信息量大

C. 系列报道中的多个独立报道集合在同一主题思想下，既有外在的连续性，也有内在的必然联系

D. 系列报道围绕同一主题来进行采写，主题必须集中不分散

4. 新闻特写的写作要领主要有（　　）。
A. 抓准“镜头”并且善于运用背景材料烘托与凸现
B. 要有精彩的细节描写
C. 要情景交融地写
D. 要抓住新闻事实的高潮写

5. 关于案件报道规范，以下说法正确的是（　　）。
A. 不对犯罪嫌疑人进行审讯式采访
B. 维护司法独立，对于未宣判案件，不作定罪定性式的报道，不作具有倾向性的评论，避免“有罪推定”和“未审先判”
C. 谨慎披露案件细节与证据，如侦破手段、过程以及犯罪分子留下的破绽等
D. 避免用主观色彩强烈的形容词和副词或者其他文学化的语言描述案件过程

三、案例分析题（本大题共 2 小题，每小题 15 分，共 30 分）

1. 请分析下列电视消息的特色。

南矶湿地启动“点鸟奖湖”新尝试

（口导）为保护越冬候鸟，鄱阳湖南矶湿地首创“点鸟奖湖”活动，湖里有多少鸟就按每只一元奖励给渔民，让当地渔民自觉参与到保护候鸟的行列中来。

（解说）一大早，南矶湿地的十几名鱼塘承包户和来自全国各地的专业观鸟队伍分组走进各个湖面开始点鸟。

（同期声——专业观鸟员杜斌）“这是专业的观鸟镜，以 50 米作为一段，每段多少只鸟，再乘以总的段数就是一个鸟群总的数量。”

（解说）按照“点鸟奖湖”政策，这次承包户们总共获得了20多万的奖励。南矶湿地是水鸟的重要越冬地。由于没有湖泊权属，保护区不能自主调控水面保证候鸟的栖息环境。而当地不少渔民为起鱼方便，原来这个时候早就把鱼塘放干了水，缩小了候鸟的活动空间。而“点鸟奖湖”就为解决这种“人鸟”争食的矛盾探索了可行的路径。

（同期声——南昌大学生物学基础实验中心主任葛刚）“今年留了这么多水没想到，你看水一留下来，天鹅也来了，白鹤也来了，候鸟种类就多了。”

（同期声——南矶湿地保护区管理局局长胡斌华）“以前渔民经常赶鸟，他觉得鸟多了会把水搅浑，会让水面缺氧，会造成鱼的死亡，但是呢我们有了这个活动呢，他对鸟就觉得‘哎呀，这是我的鸟，你们千万别赶走了’，这个人鸟关系改善了。”

（解说）据了解，明年1月份“点鸟奖湖”活动还将举行一次，到时候每只鸟的奖励将增加到两元。

（同期声——南矶乡北深湖领奖代表谢钦栋）“（保护候鸟）更加积极，更有动力。”

（同期声——南矶乡洪利村村委会主任万祥兴）“老百姓都意识到了，这个保护人人都有责，保护了候鸟也给自己增加财富。”

（作者曾佳、卢美联、朱隆、谢祥，江西广播电视台江西卫视《江西新闻联播》2013年12月21日播出）

2. 分析下列广播评论的说理特点。

办实事还是办政绩?

（播音员）随着人口老龄化趋势的不断加剧，空巢、高龄以及行动不便老年人的“吃饭难”问题日益凸显。为此，天津市连续两年将老年配餐服务纳入民心工程。据天津市民政局介绍，今年天津市中心城区老年配餐服务覆盖率将达到90%。然而记者调查却发现，事实并非如此，绝大部分老人的“吃饭难”问题依然突出。数字与实际的背离，暴露出的是一些干部的官僚作风和错误政绩观。请听记者宋震、刘扬采写的录音述评：《办实事还是办政绩？》

据统计显示，老年配餐与社区医疗、专业照护并列为居家养老三大需求。为了解决老年人“吃饭难”，天津市已经连续两年将“老年配餐服务”纳入二十项民心工程。市民政局社会福利处副处长曹阳用一组数据说明，目前，这项工作已经取得显著成果：

（录音）曹：截止到2012年底，建设老年配餐服务设施有210个，我们今年年底应该达到百分之九十的服务覆盖率。到2015年的时候，城区达到百分之百的覆盖率。

但在实地调查中，记者却发现，实际情况与这些数据相差甚远。家住河东区常州里第二社区的王东润大爷是位独居老人，83岁高龄的他每天都在为一日三餐的事儿犯愁。虽然他已经找社区反映了多次，但至今也没有解决。

（录音）王：这么大岁数了，煤烛炭火的都得动手，有时菜吃好几天，剩点菜剩点饭自己加加热。要是有配餐咱不就没有担心的事了嘛！

记者到天津市河东、河西、红桥等区的近十个社区随机采访，发现这些社区基本上都没有建起配餐设施，也不能提供老年配餐服务。天津市河东区常州里第二社区居委会主任石崇敏告诉记者，他们周围几个社区加起来有几千名需要配餐服务的老人，社区也想解决大家的吃饭难题，但实在是没有条件。

（录音）我们从2006年就想建一个老年餐厅，可是盖个50平方米的地儿都没有，你要是找单元房成本太大了。你像对过欢颜里、常州里第一社区，还有常三社区，还有静态里社区都是没有地方……（压混）

90%的覆盖率背后，我们并没有看到90%的老人吃饭难题得到解决的效果。那么天津市民政局提供的这个百分比意味着什么呢？记者就此向市民政局社会福利处副处长曹阳询问：

（录音）

记：您提到这个“覆盖率90%”，这覆盖率到底指的是什么意思？

曹：90%是社区服务的覆盖率。

记：就是说有90%的社区可以享受到老年配餐服务了？

曹：对。

记：到现在又有多少人享受到这项服务了呢？

曹：你要是分析说真正的有给多少人服务，还真是没有这个数。

原来，这个所谓的“覆盖率”只是民政局主观测算出的数据，并不是根据实际效果统计出来的。只要数字，不问实效。这就难怪记者在采访中遇到了那么多像王大爷一样的老人，依然面临着“吃饭难”问题。

据了解，天津市民政局在实施“老年配餐服务”这项民心工程时，出台了《关于开展老年人助餐服务的意见》。文件明确给予配餐机构一次性3万到20万不等的建设补贴，但是对于这项带有公益性的事业的后续经营却没了下文。记者采访了和平、河西、河东、南开等区的十几家老年配餐中心了解到，他们几乎都遇到了成本以及配送的瓶颈问题，有的甚至暂停了配餐服务。和平区第二劲松护养院主任戴开保说，现在有1000多位老人想订餐，可是他们最多就送70份，因为目前老人认可的配餐价格平均在每份10元左右，他们从采买到配送，成本都下不来，所以送得越多就亏得越多。

（录音）我们只能说，挑那个确确实实没有送餐，饭就吃不上那个，这样的老人给订餐。凡是还有点办法能解决吃饭的，我们就先不送了。严格地讲，成本已经成了一个瓶颈的问题了。

有了配餐中心也无法提供正常的配餐服务，配餐覆盖率就没有实际意义，数字和实际就发生了背离。记者由此想到，那么210个已设立的老年配餐服务设施，其中真正能有效运行的有几个？天津市24万80岁以上高龄老人、12万失能老人，他们中又有多少人的吃饭难题还没解决？在记者的一再追问下，天津市民政局社会福利处副处长曹阳这样回答：

（录音）

记：天津市目前到底有多少老年人需要这样的服务？咱们到底做没做过调研？

曹：甭管多少人需要，我们有这个服务。这个老年助餐服务不是说过于追求市场，你也不能用量来衡量。

记：我们也到一些社区采访，经营不下去了。

曹：对，这个问题政府不管，因为这个不是政府来做这个事，政府可以补贴他，帮助他建设。这就是一个公益事业，你不是分析在谁盈谁亏上，谁关门谁开张上，多少人参与上，你分析的落脚点应该在我政府有没有这举措。

按照天津市民政局的介绍，老年配餐服务是市政府交给他们的一项重点工作，这项民心工程今年将圆满完成。但事实上，配餐点的运营成本没有补贴，商家很难可持续运转，老人们难享实惠，配餐覆盖率90%也就成了空中楼阁，成为部门对上负责的表面文章，对下不负责任的假话，谎话。

值得警惕的是我们一些干部的工作作风。他们的办事逻辑是：举措即事实。他们认为：为民办实事，落脚点就要放在政府有没有这个举措上面，而对举措能否真正落实不去关心，对百姓有没有得到真正实惠不去过问。面对老人们依然突出的吃饭难题，我们不禁要问，这样的干部、这样的部门到底是在办实事还是办政绩？天津市委党校教授徐中一针见血地指出，这是典型的形式主义和官僚主义，是损害党群干群关系的大问题：

（录音）徐：老年配餐服务本是一项民心工程却不问需于民，这是官僚主义在作怪；而光有举措和数字，不管落实与否，这就是形式主义。官僚作风实质上是利己主义在权力、财富等问题上的一种表现。这就是为什么民政局把民心工程办成政绩工程。官僚主义、形式主义是严重违背我们党的群众路线的，一旦盛行，民心“长城”便会轰然坍塌，严重威胁着我们的执政之基。所以，反对官僚主义、形式主义是我们党和政府面临的一个重大任务。

习近平总书记指出：办实事，就是要求从点滴入手、从具体事做起，力戒形式主义、官僚主义，力戒空谈。办实事注重的是实效，是让百姓真正得到实惠，而不是拿出几个漂亮的数字。办实事更不是办政绩。只有老老实实，真心实意为群众办事情，用实际成效说话，民心工程才能真正得民心。

（作者宋震、刘扬，天津广播电视台新闻广播《909 早新闻》2013 年 4 月 15 日播出）

四、写作题（本大题共 2 小题，每小题 20 分，共 40 分）

1. 请根据下列材料撰写一则电视消息，300 字左右。
2. 请为你撰写的消息配写一则电视短评，300 字左右。

（口播）俗话说，“家里有粮，心中不慌”。如今，对于宁乡县的许多粮食生产者来说，将粮食存入“银行”，心中更加踏实些。今年 5 月，湖南省首家粮食银行——卫红粮食银行在宁乡成立。粮食银行能给种粮的农民朋友提供什么效益？粮食银行与粮农如何实现双赢呢？本期关注《把粮食存到“银行”》。

（配音）眼下正是新粮入库时节，8 月 2 号，记者来到了卫红粮食银行的收粮点，只见满载稻谷的送粮车一辆接着一辆开进粮食存储库，卫红粮食银行的窗口前也挤满了前来办理粮食存储业务的农民。

（同期声）记者钟磊

“我现在手上拿着的是卫红粮食银行的粮食存折。大家可以看到，这本存折跟我们平常所见的存折其实区别不大。平常我们所存的是钱，而在粮食银行存的就是粮食了。种粮户把粮食存在粮食银行之后，可以实现统一烘干、储存、保价增值，同时还可以自由地存取。”

（配音）今年种植了400多亩早稻的花明楼镇的陶子斌，是在卫红粮食银行最早存粮的农民之一。粮食银行刚一成立，他就将家里的粮食存了进去。由于国家最低粮食保护价上涨，陶子斌第一次入存的稻谷也跟着水涨船高。

（同期声）种粮户陶子斌

“那个时候保底价是120元一百斤的价格（存入），现在的话国家实施最低保护收购价132元，所以说我就能够从他这里就按照132元一百斤的价格来跟他结算。”

（同期声）湖南卫红粮食银行负责人周正春

“存储模式我们有两种类型：第一种是农民把粮食存到我们这里以后，我们有一个最低的保护价，我们现在是按照国家保护价132块入库，所以农民把粮食存在这里以后，根据以后市场的变化，可以随时来结算。如果市场价格高于入库价，按照最高价格结算，如果低于我们可以按照保底价结算。第二个模式就是农民存在这儿的粮食按照保底价入库以后，农民存在这里的粮食我们可以按照每吨（每月）12元钱的利息支付给农民，使农民粮食存在这里能够产生粮食的增值。最后农民结算时，如果粮食价格得到大幅度提高，高于所产生的增值金额，年底结算我们有一个50%的分红给农民。”

（同期声）种粮户阳启明

“以前存在家里没有什么增值的空间，今天收了这些谷是100斤，明天还是100斤，到年底还是100斤，到这里就每个月每吨最低增值是12元，就是这样一个概念。”

（配音）大屯营乡狮北村的阳启明，今年种植了160亩水田，早稻亩产达到了400公斤。往年这个时候，他正愁着粮食要如何存储，而今年因为卫红粮食银行的设立，他省心不少。

（同期声）种粮户阳启明

“以前种粮，主要是难得处理，种得多的时候更难处理。每年浪费的太多了。现在就根本没有浪费了。”

记者:“以前浪费是些什么方面？”

种粮户阳启明：

“以前浪费，是这个老鼠吃，农家养的鸡鸭吃，再有农家的仓库，地面的潮湿，也浪费大，受潮了、发霉了。”

（配音）农民阳启明道出了广大农村普遍存在的存粮储粮难题。广大农民在粮食收获后，没有烘干设备，如果遇到天气不好，稻谷无法及时晒干，很容易造成霉变、发芽。据国家农业部门权威统计，因储存不善，全国平均每年粮食损失率高达8%以上。宁乡作为粮食生产大县，每年的粮食产量约90万吨，按全国平均粮食损失率计算，每年损失粮食约7.2万吨，折合人民币1.9亿元。而粮食银行有专业的烘干设备和储粮仓库，每天能够烘干稻谷800吨以上，有效地解决了粮食烘干和储存的难题，此外，还让粮农节省了粮食储运等方面的开支。

（同期声）种粮户陶子斌

“我把湿谷送粮食银行然后进这套烘干设备，起码给我节省了三个环节，第一个环节是我把谷子从地里移到地坪晒的过程，第二是谷子要请人去翻，要太阳晒干，第三个环节，晒干以后，我要装袋上车，然后再送到粮食企业，至少节约了三个环节。这三个环节里，人力成本就给我节约了不少。”

（配音）粮食银行主要以公司＋基地＋合作社＋农户的模式经营。粮食银行为粮食生产者提供六大服务，它们包括：生产技术服务；市场信息服务；粮食烘干服务；保利存储服务；网点兑换服务；担保融资服务。目前卫红粮食银行入存农民达2000多户，涉及宁乡县花明楼、大屯营、东湖塘、坝塘、南田坪等10个乡镇。那么，粮食银行保障了农民的利益，它自己的效益又从哪儿来呢？如何能实现粮食银行的可持续健康发展呢？

（同期声）湖南卫红粮食银行负责人周正春

“打个比方，目前我们市场上收购的稻谷加工成精米，100斤稻谷大概是56斤左右。如果我们统一了高档的优质稻品种的话，能够实现高产优质高效，我们100斤稻谷可以打到62斤左右，这就是一个最大的效益。”

（配音）周正春还告诉我们，除了通过统一组织生产优质稻获得效益外，农民主动将粮食送到粮食银行，免去了企业分散上门收购的费用。同时企业也不再需要向银行借贷大量资金进行粮食收购，极大地降低了企业财务成本。

（同期声）湖南卫红粮食银行负责人周正春

“现在农民存过来以后，减少我向银行贷款支付的利息，现在按银行的利息一般都是6厘多，但是我现在支付农民一部分资金的话，我的利率还是要远远低于银行的贷款利率，对于企业今后做大做强发展，这也是很大一个效益。”

（同期声）宁乡县农业局局长肖年富

“粮食银行的出现，解决了从生产环节到加工、销售整个产业链条的有机结合，粮食银行应该说是今后粮食加工企业服务生产领域的一个方向性探索。”

（后口播）“粮食银行”是一种新型的服务模式，实践证明，它不但提高了粮食生产的社会化服务程度，解决了农民储粮难问题，也提高了农民的积极性和抵御粮食市场风险的能力，应该说是搞活粮食经济和推动现代粮食流通产业发展的有益探索。好，本期关注就到这里，感谢您的收看，再见。

（作者王敬仁、周娉、刘志勇、周丹、郭志光，宁乡县广播电视台综合频道《关注》2013 年 8 月 5 日播出）

模拟试卷（八）参考答案

一、单项选择题（本大题共20小题，每小题1分，共20分）

1. A　2. D　3. B　4. D　5. B　6. D　7. B　8. C

9. A　10. D　11. D　12. D　13. B　14. A　15. D　16. D

17. C　18. D　19. A　20. C

二、多项选择题（本大题共5小题，每小题2分，共10分）

1. ABC　2. ABCD　3. ABD　4. ABCD　5. ABCD

三、案例分析题（本大题共2小题，每小题15分，共30分）

1. 答题要点：

短小精悍，深入浅出，主题具有突出的社会意义。声画有机结合，现场音效使用巧妙，具有感染力和冲击力。

2. 答题要点：

该篇评论从具体现象入手，层层剖析，步步追问，一针见血，暴露了当前一些干部中存在的官僚作风和错误政绩观。作品主题深刻，观点鲜明，采访深入，挖掘了充分的事实论据，说服力强。

四、写作题（本大题共2小题，每小题20分，共40分）

1. 答题要点：

提炼新闻事实，确定新闻要素；根据主题和事实特点确定消息结构；根据结构和材料特点，确定导语类型、内容；表达符合电视规律；语言通俗、简洁、清晰，具体形象。

2. 答题要点：

紧扣消息主题和新闻事实，议题单一集中，开门见山，直截了当，短小精悍，控制字数。

《广播电视业务》模拟试卷（九）

1. 笔试题满分为 100 分。
2. 笔试考试时间为 150 分钟。
3. 考试方式为闭卷考试。
4. 试题类型包括选择题、案例分析题、写作题。

一、单项选择题（本大题共 20 小题，每小题 1 分，共 20 分）

1.（　　）是新闻报道质的规定，是新闻报道活动的内在规律。

A. 真实　　B. 客观

C. 公正　　D. 平衡

2. 以下属于广播电视记者介入现场的方式是（　　）。

A. 旁观式　　B. 暗访式

C. 直播式　　D. 录播式

3. 以下对新闻报道客观性的描述不正确的一项是（　　）。

A. 新闻报道应从客观实际出发，客观描述事实的状态、特征、变化、内在的因果关系

B. 新闻报道不应从主观愿望出发，以主观意见代替客观事实

C. 报道事实时，应交代新闻来源和事实出处

D. 新闻报道只能客观报道，不能体现主观倾向性

4. 以下选项中（　　）属于广播新闻中的音响。

A. 实况语言　　B. 实况音响

C. 实况音乐　　D. 节目音乐

5. 以下对电视媒体的传播特点描述不当的一项是（　　）。

A. 覆盖面广，观众量多

B. 视听兼备，冲击力强

C. 内容丰富，影响力大

D. 要求受众有较高文化水平

6. 以下对长镜头的特点描述不当的一项是（　　）。

A. 长镜头拍摄的画面完整、连贯，对动作、场景和情节的介绍和表现有一气呵成的特点，适合报道动态性弱、持续时间长的新闻

B. 用长镜头不间断地表现一个事件的过程或一个段落，通过持续的时空记录把真实的新闻场景自然地呈现在屏幕上，形成一种独特的纪实风格

C. 长镜头加大了单一镜头的表现容量，可以把被摄人物、环境以及人和人、人和物的关系等新闻形象融为一体

D. 通长镜头对影像的连续记录，既能充分地显示其空间的统一性，又保持情节、动作、事件发展的时间连续性，可以收到使画面信息更真实、更客观的表现效果

7. 新闻标题《广西遭遇连续暴风雨　村民看着三层楼房被连根拔起》，突出了新闻价值中的（　　）。

A. 重要性　　B. 显著性

C. 接近性　　D. 趣味性

8. 直到最后一刻，丹尼尔·莫伊尼还在说，他不知道是否应该辞去美国驻联合国大使的职务。他说，“我已经下了三十次决心”，“就像马克·吐温讲的‘戒烟容易得很，我已经戒了一千次了’”。今天，莫伊尼最后下定了决心：辞职。就消息的导语类型而言，这属于（　　）。

A. 第一代导语　　B. 第二代导语

C. 第三代导语　　D. 第四代导语

9. (　　) 拍摄表现事件，可以反映出其总体气势，以及事物各方面的位置或相互之间的关系。

A. 仰角度　　B. 俯角度

C. 平角度　　D. 斜侧面

10. 以下对倒金字塔结构特点描述不当的一项是（　　）。

A. 可突出重点，成稿快，行文干练

B. 有利于受众迅速把握报道重点

C. 也有利于后期编辑控制报道时间

D. 适合于时效性不强的综合消息

11. 新闻传播活动的“总设计”与“总把关”指的是（　　）。

A. 新闻采访　　B. 新闻写作

C. 新闻编辑　　D. 新闻评论

12. 新闻编辑的主要工作内容不包括（　　）。

A. 确定选题和新闻报道策划

B. 选择稿件和编辑稿件

C. 栏目编排和录制播出

D. 业务培训

13. 以下选项中（　　）不属于电视新闻编辑的手法和技巧。

A. 影像组接　　B. 声音组接

C. 配图说明　　D. 叠加字幕

14. 不同空间、不同场景的两个镜头之间的衔接方法被称作（　　）。

A. 跳笔　　B. 转场

C. 组接　　D. 蒙太奇

15. 要求对能引发受众兴趣的节目分散安排，有意搭配不同体裁、形式的内容和有趣与无趣新闻，以减轻观众的疲劳感和厌烦情绪。这指的是新闻编排的（　　）。

A. 配比技巧　　B. 引流技巧

C. 峰谷技巧　　D. 分段技巧

16. 广播电视新闻节目的编排要讲求优化组合，以下不属于这个范畴的一项是（　　）。

A. 把在内容方面有某种联系或相似性的新闻节目组成节目群，以形成整体传播强势

B. 在栏目当中再分出子栏目，定期播出一个或多个与专栏定位相吻合的节目

C. 为新闻报道配发资料和评论

D. 重大主题节目前置导读部分

17. 作为新闻宣传的两种重要手段之一，（　　）是新闻宣传的主体和基础，（　　）是新闻宣传的旗帜和灵魂。

A. 新闻报道、新闻写作

B. 新闻报道、新闻编辑

C. 新闻编辑、新闻评论

D. 新闻报道、新闻评论

18.（　　）是新闻评论分析议论最主要的对象。

A. 公众人物　　B. 公众事件

C. 公众利益　　D. 新闻事件

19. 关于新闻评论的说法，以下有误的是（　　）。

A. 论据包括理论论据和事实论据

B. 据事说理是新闻评论唯一的说理方式

C. 可立可破

D. 评论的对象可以是新闻事件，也可以是社会现象和问题

20.（　　）是大众传播媒介的一种直接发言方式，作为各种意见性信息的承载与传播方式。

A. 新闻采访　　B. 新闻写作

C. 新闻编辑　　D. 新闻评论

二、多项选择题（本大题共5小题，每小题2分，共10分）

1. 广播电视采访的准备内容包括（　　）。

A. 记者应首先收集和研究与选题相关的背景材料，同时筹划采访预案

B. 记者必须不断积累知识，完善自己的知识结构

C. 熟悉采访对象是尽快接近采访对象的重要途径，也是准确提问和深入挖掘素材的前提

D. 设计采访问题

E. 为顺利进行采访还要做好物质和技术准备，包括录音、录像设备、话筒、电池等，并与相关人员做好协调

2. 对广播采录音响的清晰性要求描述正确的选项是（　　）。

A. 在有伴随事物发展变化的声音中，往往说话声和环境声混杂在一起，对于这类音响一般只能力求主体音响基本清晰

B. 重视访问环境的选择和检查，杜绝因室内有墙体回声或存在着其他电磁波而造成噪音干扰

C. 采录前对录音器材作细致检查，排除因设备故障而影响音响清晰度的因素

D. 新闻现场的音响清晰度采录者能够完全控制，还可以采取后期去噪的方式

3. 全媒体报道记者应具备的新要求有（　　）。

A. 记者要掌握多种外语

B. 记者要熟悉不同媒体门类的报道要求

C. 记者要了解不同终端的受众需求

D. 记者要具备突破媒体界限的思维与能力

E. 记者要形成“一专多能”能力结构

4. 对电视摄录的基本要求包括（　　）。

A. 恰当地运用景别　　　　B. 精心选择拍摄角度

C. 巧妙运用光线　　　　D. 恰当运用长镜头

5. 对电视新闻中情景再现，以下说法正确的是（　　）。

A. 情景再现可以充分发挥电视传播优势，提升观众收视体验

B. 情景再现要与真实场景无缝对接，让观众获得完全真实的感受

C. 情景再现必须以事实为基础。不能无中生有、完全想象虚构；也不能为了表达戏剧性效果，追求故事化而扭曲事实

D. 情景再现是一种辅助手段，在电视新闻中要谨慎、适度、有限地使用，避免滥用和泛用

三、案例分析题（本大题共 2 小题，每小题 15 分，共 30 分）

1. 请分析下列电视消息的特色。

致敬“抢修哥”

（导语）昨天，一位从事电缆抢修工作 30 多年的老工人，突然成了武汉街谈巷议的大明星，一提到他，市民无不竖起大拇指。

（正文）7 月 22 号，一篇名为《裸身跳臭水沟修电缆，有图有真相》的帖子在网上被广为转载。画面中的主人公仅穿了一件红色短裤，几乎全身赤裸地在污水横流的下水道里作业。这位被人们称为“抢修哥”的人，就是汉口供电公司电缆检修班员工刘跃青。

（同期声）

〈被采访人：〉现场声

〈采访内容：〉把身上那个蚂蟥弄下去，哪里蚂蟥，膀子上面。

（正文）7月13号上午10点半，汉口多福路专线电缆发生故障，沿线3000多户居民受到断电影响。检修人员赶到现场才发现，半人多深的下水道和“粪坑”没什么区别。由于坑窄水深，身上任何防护设施都将成为作业的累赘。

（同期声）

〈被采访人：〉汉口供电公司电缆检修班工作人员刘跃青

〈采访内容：〉我脑筋犹豫了一下子就把衣裳脱了下水去。不下去不行，不能确定（事故）电缆。

（正文）用脚踩，用手摸，刘跃青仍旧没有找到事故电缆。休息了几分钟后，刘跃青再次俯下身子，寻找电缆。期间几位同事都准备下水帮助刘跃青，但都被他拒绝。

（同期声）

〈被采访人：〉汉口供电公司电缆检修班班长刘洪

〈采访内容：〉他说算了，身上已经搞脏了，就脏我一个人算了。

（同期声）

〈被采访人：〉附近商户

〈采访内容：〉只有这个头在外头，身上是那种黑水。

（正文）第三次跳到电缆沟里，刘跃青终于摸到事故电缆。在长达17个小时的奋力抢修下，断电区域终于恢复供电。刘跃青奋力排险的情景，被路人拍摄下来挂到了网上，更多的人因此认识了这位令人钦佩的“抢修哥”。

（杨俊伦、王忠理、何勇、杜元，湖北省广播电视总台电视公共频道《新闻全天候》2011年7月23日播出）

2. 请分析下列节目的编排特色。

中央电视台 2014 年 12 月 9 日《经济信息联播》串联单。

<table>
<tr><td>节目</td><td colspan="4">《经济信息联播》12 月 9 日节目</td></tr>
<tr><td>时间</td><td>标题</td><td>体裁</td><td>作品来源</td><td>播出方式</td></tr>
<tr><td colspan="5">板块名称：开篇词</td></tr>
<tr><td>20 时 33 分</td><td>中央经济工作会议今召开外界关注经济增速</td><td>消息</td><td>新华社</td><td>直播</td></tr>
<tr><td colspan="5">板块名称：联播头条</td></tr>
<tr><td>20 时 35 分</td><td>商务部部长高虎城解读中国对外开放“新棋局”</td><td>通讯</td><td>本台自采</td><td>直播</td></tr>
<tr><td>20 时 41 分</td><td>《经济半小时》今晚播出高虎城专访</td><td>消息</td><td>本台自采</td><td>直播</td></tr>
<tr><td>20 时 42 分</td><td>全国铁路新运行图明起实施新增 226.5 对客车</td><td>通讯</td><td>本台自采</td><td>直播</td></tr>
<tr><td>20 时 45 分</td><td>中国造铁路机车已出口全球 80 多个国家</td><td>通讯</td><td>本台自采</td><td>直播</td></tr>
<tr><td>20 时 48 分</td><td>中国铁路建设海外发力多条铁路建成通车</td><td>通讯</td><td>本台自采</td><td>直播</td></tr>
<tr><td>20 时 50 分</td><td>秘鲁大使：不断壮大的中产阶层将确保中国经济充满活力</td><td>通讯</td><td>本台自采</td><td>直播</td></tr>
<tr><td colspan="5">板块名称：联播动态</td></tr>
<tr><td>20 时 56 分</td><td>上证暴跌 5.43% 振幅达 257 点百股跌停再现</td><td>消息</td><td>新华社</td><td>直播</td></tr>
</table>

续表

20时59分	业内人士：暴跌在意料之中未来依然是牛市	消息	本台自采	直播
21时00分	袁钢明：回调有利于股市长期稳定发展	消息	本台自采	直播
21时01分	机构观点 中金公司：未来12个月仍乐观	消息	本台自采	直播
21时03分	辽宁铁岭：榛子收购价上涨近三成　销售同步升温	通讯	本台自采	直播
21时06分	辽宁铁岭：榛子产量创新高效益连年增长	通讯	本台自采	直播
21时09分	辽宁铁岭：初级加工常态化发展　深加工环节薄弱	通讯	本台自采	直播
21时11分	联播快讯	消息	本台自采	直播
板块名称：联播国际				
21时12分	国际油价8日大幅下跌　创5年来新低	消息	美联	直播
21时14分	洛杉矶一住宅楼起火　火光冲天	消息	美联	直播
21时15分	“好奇号”新发现：火星或存在过数十亿年湖床	消息	美联	直播
21时09分	苹果新机陷“弯曲门”　轻薄成罪魁祸首?	消息	美联	直播
21时18分	新闻MTV：奥地利雪橇摩托赛	展示	美联	直播

四、写作题（本大题共 2 小题，每小题 20 分，共 40 分）

1. 请根据下列材料撰写广播消息一则，300 字左右。

新华社北京 5 月 18 日电（记者邹伟） 自去年 11 月国务院打击治理电信网络新型违法犯罪部际联席会议部署相关专项行动以来，截至目前，全国共破获各类电信网络诈骗案件 4.4 万余起，查处违法犯罪人员 2 万余名，打掉犯罪团伙 2900 余个，捣毁诈骗窝点 3100 余个。

这是记者从 18 日举行的北京市公安局打击电信网络诈骗犯罪拦截资金返还仪式上获悉的。截至目前，全国共拦截银行账户 53 万余个，拦截涉案资金 14 亿余元。其中，北京市公安局拦截全国范围内银行账户 35 万余个，拦截资金 10 亿余元。即日起，涉案资金将陆续返还受骗群众。15 名来自各地的被骗群众在仪式现场收到被骗资金 580 余万元。

国务院打击治理电信网络新型违法犯罪部际联席会议办公室主任、公安部刑侦局局长杨东介绍，切断犯罪团伙的资金流，使其无法获取受害人资金，是遏制电信网络诈骗犯罪、挽回群众损失的有效途径。经公安部授权，北京市公安局于 2015 年下半年成立打击防范电信网络诈骗犯罪信息平台，并与金融机构协作，在平台内成立查控中心，建立完善警银联动工作机制，建立快速查询、止付、拦截通道，实现案件受理、查询、处置一体化，为全国打击防范电信网络诈骗犯罪提供资金流查控等服务。在专业的打击防范下，今年前 4 个月，北京市发生的境外实施电信网络诈骗案件发案同比下降 40.35%，群众经济损失同比下降 64.29%。

北京市公安局有关负责人介绍，此次资金返还涉及的事主全国各地都有，且金额较大、涉及事主较多，办案民警需要大量时间追根溯源、核对信息，希望广大事主们耐心等待警方通知，警方将竭尽全力对拦截的涉案资金按流向进行溯源，确定受骗群众之后，将全部拦截资金予以返还。

另据了解，2015 年，全国电信网络诈骗发案 59 万余起，被骗走 222 亿元，其中 100 多亿元被卷入台湾。台湾电信网络诈骗犯罪集团在世界各地设立数百个诈骗话务窝点，冒充公检法办案人员针对大陆群众实施诈骗。今年以来，大陆公安机关通过国际警务合作渠道先后捣毁肯尼亚、马来西亚等多处境外诈骗窝点，押解 174 名犯罪嫌疑人回国。日前，自肯尼亚押解回的 76 名犯罪嫌疑人已被检察机关批准逮捕。近期，大陆公安机关分别在北京和珠海与台湾执法部门进行两轮会谈，台方已承诺积极追赃，返还大陆受骗群众。

公安部有关负责人表示，公安机关将会同部际联席会议各成员单位，坚持“标本兼治、综合治理、齐抓共管、落实责任”方针，继续重拳出击、重典治乱，创新打防管控机制，加强境外执法合作，深入推进打击治理专项行动，坚决打掉犯罪分子的嚣张气焰。同时再次提醒，当前冒充公检法类电信网络诈骗案件仍然高发，请广大群众注意，公安民警在联系事主办理手续时，不会要求汇款或缴纳所谓保证金、押金、手续费等任何费用，而且会与事主当面核对、办理手续。拦截被诈骗资金是与犯罪嫌疑人赛跑、与时间赛跑，受害群众报案越及时，警方通过快速止付机制拦截的可能性就越大。因此，群众发现被骗后，一定要第一时间拨打 110 报警；即使没有受骗，也请及时提供相关信息，方便警方进一步开展工作。

中国人民银行、中国银监会和各大商业银行有关负责人也出席了仪式。

2. 请根据下列材料，为河北省级电视台撰写消息导语一则，并制作消息标题一则。

5月22日，河北省教育厅网站发布消息称，目前，根据工作安排，河北省正在编制高校招生计划。2016年，河北省普通高校本科招生计划预计比上年增加15226人，本科录取率不会低于上年。河北省教育厅还表示，根据近几年来专科招生计划，每年都有1万多个指标没有完成的经验，2016年专科招生计划也能完全满足我省要求。综上，2016年河北省的本专科招生计划总体上是不减而升。5月4日，教育部网站公布《关于做好2016年普通高等教育招生计划编制和管理工作的通知》(下称方案)，要求高等教育资源丰富、2016年升学压力较小的上海、江苏、河北、福建等省(市)，应在上年常规跨省生源计划和2016年协作计划的基础上，进一步增加面向部分中西部省(区)的生源计划。其中，2016年河北省生源调出计划9500人。

模拟试卷（九）参考答案

一、单项选择题（本大题共 20 小题，每小题 1 分，共 20 分）

1. A　2. A　3. D　4. B　5. D　6. A　7. A　8. C
9. B　10. D　11. C　12. D　13. C　14. B　15. C　16. D
17. D　18. D　19. B　20. D

二、多项选择题（本大题共 5 小题，每小题 2 分，共 10 分）

1. ABCDE　2. ABC　3. BCDE　4. ABCD　5. ACD

三、案例分析题（本大题共 2 小题，每小题 15 分，共 30 分）

1. 答题要点：

短小精悍、细节丰富、现场感强，用丰富的电视语言，表现了电缆检修工刘跃青坚持职业操守、不顾个人得失的敬业精神。

2. 答题要点：

内容配置得当，既有权威性、专业性极强的高端采访，也有包含实用的服务性新闻，“软硬”兼收，节奏明快，各个板块编排巧妙。以当日重要的经济会议为切入，结合高端访问、系列报道、深度调查以及股市资讯，充分发挥了央视资源优势，有点有面，有数据图示，也有典型案例。

四、写作题（本大题共 2 小题，每小题 20 分，共 40 分）

1. 答题要点：

提炼新闻事实，确定新闻要素；根据主题和事实特点确定消

息结构；根据结构和材料特点，确定导语类型、内容；表达符合广播规律；语言通俗、简洁、清晰，具体形象。

2. 答题要点：

导语与标题可突出新闻要点，“河北高校本科招生今年计划比去年增加 15226 人，本专科招生计划总体上不减而升”。

《广播电视业务》模拟试卷（十）

1. 笔试题满分为 100 分。
2. 笔试考试时间为 150 分钟。
3. 考试方式为闭卷考试。
4. 试题类型包括选择题、案例分析题、写作题。

一、单项选择题（本大题共 20 小题，每小题 1 分，共 20 分）

1. 为获得新闻事实材料，对客体进行的访问观察、思索记录等调查研究的活动被称作（　　）。

A. 新闻采访　　B. 新闻写作
C. 新闻编辑　　D. 新闻评论

2. 记者追寻新闻的方向和依据是（　　）。

A. 新闻事实　　B. 新闻敏感
C. 新闻线索　　D. 新闻素材

3. 常用来表现新闻事件发生的环境的景别是（　　）。

A. 全景　　B. 中景
C. 近景　　D. 特写

4. 在广播电视消息中，常常以凝练简洁的语言向受众告知最重要的新闻事实的部分被称作（　　）。

A. 开头　　B. 导语
C. 主体　　D. 结尾

5. 突出最具新闻价值、最有吸引力的事实，或突出最能表现最新事态的新闻要素的导语类型是（　　）。

A. 第一代导语　　B. 第二代导语
C. 第三代导语　　D. 第四代导语

6. 新闻标题《105 岁杨绛今晨逝世　“我们仨”终成绝响》，突出了新闻价值中的（　　）。
A. 重要性　　B. 显著性
C. 接近性　　D. 趣味性

7. 新闻报道将最重要、最精彩的事实放在最后，按照新闻事件的发生顺序或事件的因果关系等来安排组织材料。这种广播电视消息的结构形式被称作（　　）。
A. 倒金字塔式结构　　B. 金字塔式结构
C. 时间顺序结构　　D. 逻辑关系结构

8. 电视消息最常见的结尾方式是（　　）。
A. 自然结尾　　B. 照应开头
C. 总结概括　　D. 展望未来

9. 电视消息的导语部分最主要的功能是（　　）。
A. 突出要点　　B. 吸引视听
C. 激发兴趣　　D. 渲染情境

10. 在影像拍摄与编辑中保证同一时空中相邻镜头间空间统一感的法则。其基本含义是，拍摄将被组接在一起的同场面同主体的一组镜头的时候，拍摄的总方向应保持在被摄物体前方延伸轴线的同一侧。这指的是（　　）。
A. 前侧角度拍摄规律　　B. 轴线规律
C. 蒙太奇效应　　D. 同轴效应

11. 以下对广播电视新闻采访常见方式描述不当的一项是（　　）。
A. 现场观察有助于获取鲜活的第一手资料
B. 访问是通过谈话获取信息

C. 文献研读不能单独作为采访方式

D. 体验式采访是暗访常用的方式之一

12. 关于电视新闻专题以下说法不正确的一项是（　　）。

A. 它是一种详细报道的体裁

B. 可以允许有一定的主观色彩

C. 综合运用多种表达方式

D. 不适合表达复杂新闻事件

13. 关于广播新闻节目编排的原则，以下描述不当的一项是（　　）。

A. 线索清晰　　B. 层次清楚

C. 强化核心信息　　D. 不适合板块式结构

14. 新闻背景对受众而言，所起到的功能描述不当的一项是（　　）。

A. 对受众所不熟悉的新闻事实作注释

B. 帮助受众加深对新闻事实意义的理解

C. 帮助受众认识新闻事实所蕴含的新闻价值

D. 帮助受众了解新闻稿件体现出来的客观中立的态度

15. 新闻节目播出前的最后一个编辑环节，它根据媒体、栏目的定位和特色，把单独的稿件、节目按照一定的原则有序地组合成一个栏目整体，这一环节叫做（　　）。

A. 栏目编排　　B. 统筹策划

C. 录制播出　　D. 稿件编排

16. 摄像机与被摄对象处于同一水平线上，拍出的画面，给人的感觉是（　　）。

A. 庄严、崇高　　B. 自然、亲切

C. 稳重、端庄　　D. 纵深感、透视感

17. 关于广播电视专题节目递进式结构说法有误的一项是（　　）。

A. 递进式结构又称为“剥笋式”结构

B. 递进式结构通常适用于社会现象、社会问题的报道

C. 递进式结构要求步步深入

D. 递进式结构层次之间是并列关系

18. 以下对电视现场直播描述不正确的一项是（　　）。

A. 现场直播无法进行有效的报道策划

B. 现场直播是最符合广播电视特性的报道方式

C. 现场直播有利于媒体树立权威

D. 现场直播可以很好地满足观众的好奇心

19. 以下对谈话类评论节目描述不正确的一项是（　　）。

A. 应选择受众普遍关心的新闻事件或社会话题

B. 应选择有借助性且具有较强口头表达能力的“意见领袖”式的嘉宾以及现场观众

C. 运用播放有关录像带和现场音乐演奏等方式掌握谈话节奏，营造轻松、自然、和谐的现场气氛

D. 主持人在节目中一般只起到引导节目的作用

20. 以下对新闻评论的功用表述不当的一项是（　　）。

A. 可针对国内外的重大事件或重要问题表示态度、申明主张

B. 可帮助党和政府表明对一些原则问题的立场和态度

C. 可以代表媒介发表对典型的新闻事件或社会现象的看法和见解

D. 可对司法案件分析评价，引导法官正确判断

二、多项选择题（本大题共 5 小题，每小题 2 分，共 10 分）

1. 造成新闻写作失实的主要原因有（　　）。

A. 经济性失实　　B. 故意失实与非故意失实

C. 表达性失实　　D. 体制性失实

2. 非事件性新闻报道的是社会问题、社会现象，或某些可供参考的信息、方法，它的特殊价值在于（　　）。

A. 以消息体裁报道非事件性事物，可进一步拓宽新闻的报道面

B. 非事件性消息可为媒体采制独家新闻创造条件

C. 一些非事件性新闻具有“读物”性质，有欣赏价值和“抚慰”作用

D. 非事件性新闻有助于发挥媒体的“主体意识”

3. 电视与广播共有的传播符号是（　　）。

A. 声音　　B. 音响

C. 语言　　D. 照片

E. 音乐

4. 对电视拍摄方式特点分析正确的选项是（　　）。

A. 徒手拍摄机动灵活，便于抓拍；三脚架固定拍摄便于获得稳定清晰的画面

B. 徒手拍摄迅速简便，接近人的观察习惯；三脚架固定拍摄移动不便，视角变化较小

C. 徒手拍摄便于各种姿态操作；三脚架固定拍摄有利于摄像师开阔视野观察

D. 徒手拍摄便于复杂的运动拍摄；三脚架固定拍摄便于长焦距拍摄

5. 对灾难报道和突发事件报道规范，以下说法正确的是（　　）。

A. 尊重采访对象，尊重灾难经历者或遇害者家属接受采访的意愿

B. 采访时听从现场救援指挥，不影响救援工作的正常进行

C. 突发事件报道要注意有针对性展开应急报道，注重解疑释惑，疏导社会情绪

D. 全面、准确、及时报道突发事件，坚持以人为本，充分满足公众知情权

三、案例分析题（本大题共 2 小题，每小题 15 分，共 30 分）

1. 请分析下列广播新闻专题的特色。

张家口坝上百万亩防护林濒临衰亡，京津风沙最后防线告急

3 月 12 日，是我国第 35 个植树节，今年也是三北防护林工程实施第 35 年。在张家口市张北县中心林场，记者找到张北镇农业综合服务站站长袁妙枝。她正半蹲着身子，用有些干裂的双手抚摸着一棵倒在地上的杨树，眼中充满忧郁。这棵树树干已经光秃，根部完全腐烂。

（录音）你看上面的枝也没有树枝了，光乎儿了。沤根了，沤根它自然就倒了，它就什么作用也起不到了……（压混）

袁妙枝说，中心林场属于“三北防护林”，有 9000 多亩杨树，7000 多亩已经衰老或枯死。在她的带领下，记者又来到张北镇西良村林场。这里 2500 多亩的杨树，只剩下一排排的树桩。

（录音）你看那个脑袋，已经是鸡爪形式的了。它没有树头，活不了了。这个林子都是这个样的，这也是小老树。

张北县林业局副局长王进焕告诉记者，全县杨树防护林连片死亡总面积超过 60 万亩。

（录音）有已经枯死的，有即将要枯死的，70 年代左右栽的。它要是六七十万亩都死了，防风固沙能力肯定是不行了，农田就得不到保护了。

河北省林业厅三北防护林管理办公室主任赵振兴说，包括张北、尚义、康保、沽源四县及察北和塞北两个管理区，张家口坝上地区 153 万亩杨树防护林，有 142 万亩正在衰亡，超过九成。

（录音）咱们省现在低质林不少，别的省也有，整个三北都有这个问题。

“三北防护林”是在我国西北、华北和东北地区建设的大型人工林业生态工程，是“世界生态工程之最”，被誉为“绿色万里长城”，1978年开始建设。如今年过七旬的新华社记者黄正根说，当时的北京，被联合国列入全球受沙漠化威胁最严重的城市之一，一到春天，经常风沙肆虐，遮天蔽日。

（录音）风沙从内蒙古草原通过河北坝上，一直向北京逼近。当年北京一刮风沙的时候，满天都是黄的，白天都跟黑夜一样。女同志北京一大怪么，戴着头巾，捂着鼻子……（压混）

面对“兵临城下”的生态危机，1978年，黄正根带队深入三北万里风沙线采访，写下了新闻力作《风沙紧逼北京城》，引起中央领导关注和社会强烈反响。由此全国掀起植树造林热潮，极大地推动了三北防护林工程的建设进程。

35年顶风冒沙，35年与林为伴，和许多造林人一样，袁妙枝也从风华正茂到年近花甲、两鬓斑白。回忆起开始造林时的场景，她仍记忆犹新。

（录音）当时大面积的造林，就是用拖拉机牛具拉着，把一截一截的树放到里边。有的山头地，石头特别多，有的时候用炮炸石头，都得用铁棍子把石头撬起来。

一代一代的坝上人硬是凭着这股韧劲，在沙地荒山造出一片片树林。张家口坝上地区林地面积由154万亩增加到463万亩，森林覆盖率由7.4%达到22.4%，大大改善了京津及周边生态环境。中国科学院“重大工程生态环境效应遥感监测与评估”结果显示，三北防护林工程在防止风沙、防止灾害和水土流失方面发挥了重要作用。项目负责人中科院研究员朱教君：

（录音）我们的结果就是说植被建设，在防风，就是沙漠化面积的减少中，它所占的比重大概能达到37%左右。对水土流失的面积，总体是减少了36.4%。其中，我们把水土流失划分了5个等级，最严重的、剧烈和极强的等级，几乎是减少了90%以上。

在为京津阻沙源、保水源“服役”35年、立下汗马功劳后，张家口坝上的杨树防护林渐渐风华不再，出现大面积衰亡。原因到底是什么呢？河北省林业厅三北防护林管理办公室主任赵振兴说，树和人一样，也有生命周期。

（录音）年龄也大了，杨树就是到40年左右。现在已经快40年了，再让它长下去，不太可能了。

河北省社科院农村经济所研究员唐丙元说，30多年前，技术力量和经济条件都有限，也缺乏科学的造林理念，几年之内集中种植单一树种，是防护林大面积衰亡的另一个原因。同时，严重干旱也进一步加速了杨树衰亡的进程。

（录音）主要是集中在70年代种植的，所以成熟的时候，都是集中在一片，同时成熟。缺乏那种轮种轮伐的管理理念。水资源总体来看，近些年，坝上地区地下水总体呈现下降态势。浅层地表水下去以后，树吸收不到水分了，退化得比较快。

张北县马莲台村村主任段妍青说，他们村的三北防护林属于公益林，不允许个人砍伐，林农一亩地每年拿到手的补偿还不到10块钱。

（录音）对老百姓来说，见不到经济效益，就调动不了老百姓的积极性参与到这个公益林的维护、养护、保养上去。

村民刘占林也给记者算了一笔账。

（录音）还是种地（种粮食）好！就按去年打二百七、八十斤莜麦，接近三百斤。现在市场上的莜麦是一块三一斤。你说这点树一点效益也没有。

三北防护林大面积衰亡，又一次触动了《风沙紧逼北京城》的作者黄正根。他说，如果不及时采取措施，也许10年之后，风沙又将卷土重来，京津及周边生态环境会酿成新悲剧。

（录音）河北是保卫北京的第一站，河北搞不好，北京就搞不好。建议要引起有关部门重视，及时发现及时处理。

张北县林业局副局长王进焕说，要砍掉快死的老树，栽上新树苗，最让他头疼的就是缺钱。

（录音）就按最低标准，再也不能低啦，保守测算是1400(元/亩)……（压混）

按每亩1400元计算，仅张北60万亩杨树林更新改造就需要8.4亿元。河北省林业厅三北防护林管理办公室主任赵振兴说，目前全省每年三北防护林建设资金还不到一个亿。除了各级政府加大投入，还要调动农民的积极性，让他们见到效益，尝到甜头。

（录音）我们不能说全靠国家，现在靠农民有些经济林是没问题的。迁西通过搞围山转，大力发展板栗。现在森林覆盖率提高了，生态环境变好了，同时农民也富了。山海关那边大樱桃效益也非常好。所以这个要和农民利益还得结合起来。

国家行政学院法学部教授杨伟东建议，张家口的防护林最重要的是生态功能，是京津风沙最后防线。解决资金瓶颈，应该理顺和拓宽投入渠道，按照“谁受益谁补偿”的原则引入生态补偿机制。

（录音）我们可以探讨新的生态补偿方式。像现在国际上探讨的碳排放量交易，碳排放量高的地方要到碳排放量低的地方来购买。通过市场机制，让真正为其他地区作出贡献的人，能够得到实惠。

中科院植物所研究员蒋光明认为，环境在变，地下水在下降，未来防护林的更新改造要因地制宜，适合种什么就种什么。

（录音）应该是生态好一些，乔、灌、草三种植被都需要有。不长林的地方，比如说大草原，我就建议不要再造了。

原全国人大代表袁妙枝，曾经多次走访有关部门和林业专家寻求对策。今年，她又托人把建议反映到全国两会上。年近花甲的她，依然在为防护林的命运心急如焚、奔波劳碌。

（录音）为什么我每天辛苦地奔跑，我还是树，树，树！我总觉得它是一条生命，我们是离不开它的。

（作者孙月、孟晓光、杜震、焦新活，河北人民广播电台农民频率《庄里庄外》2014 年 3 月 12 日播出）

2. 请为一家城市电视台的高考的采访报道制定一份采访策划书，确定采访主题，制定采访计划、拟定采访提纲等。

四、写作题（本大题共 2 小题，每小题 20 分，共 40 分）

1. 请根据下列材料撰写电视消息一则，300 字左右。

2. 请具体下列材料撰写电视评论一则，500 字左右。

只追寻有价值的收视率

——北京电视台《生命缘》妈妈记者团的故事

2014年第三季度，一档名为《生命缘》的电视纪录片经北京电视台卫视频道播出后引起强烈反响。一部讲述小人物故事的纪录片能在周六黄金时段同大腕扎堆的综艺和真人秀节目同台竞争，本身就是故事。

更有意思的是，《生命缘》记者团队是由一群年轻的妈妈组成的。

电视台来了吃奶娃

2013年冬天，北京卫视女记者赵菲菲的儿子皮皮降生。

2014年5月19日8点30分，一直觉得自己最能体会怀胎分娩辛苦的赵菲菲，在走进北京妇产医院第一手术室的那一刻，发现自己错了。

出现在自己面前的，是个叫杨珂的产妇。这位年轻母亲怀上了双胞胎，然而，较小的孩子在母体中发生严重的先天性膈疝。

这意味着在孩子诞生的那一刻，母子之间、兄弟之间即将永别。

北京妇产医院、首都儿研所两大三甲医院的几十位医护人员严阵以待；范玲教授、玛丽霜教授两位国内妇儿专科顶尖专家同时出手；手术室内鸦雀无声，每个人都在祈祷……

一切，只为了救活孩子。

手术非常成功！然而，几天后，过于虚弱的孩子没有扛过术后并发症，还是走了。

完成拍摄，赵菲菲再也忍不住了，眼泪不住地流，此刻的她心中装了太多的感动与思考，急于通过镜头告诉她的观众。

要在100多盘总时长80多个小时的素材中，剪辑出一段不足50分钟的成片，《生命缘》的编辑比高达100∶1。争分夺秒、熬夜加班的后期工作，完全颠覆了赵菲菲一家老小的作息和生活。

炎热的夏天，不见妈妈不睡觉的小皮皮一直在等妈妈。先在楼下的车里等，然后在走廊等，后来干脆睡到机房里。小皮皮可能会想，无论在哪儿，只要妈妈在，心里就踏实。

摄像机架进重症监护室

“你出来，出来！”

一声断喝过后，女医生怒目圆睁地出现在镜头中。她是在训病人的家属，一个一脸茫然的农村老太太。

北京协和医院重症监护室主治医生崔娜没想到，自己抢救肺动脉高压重症患者曲立园的过程，被摄像机无一遗漏地记录了下来。她更没想到，自己第一次上电视，就在发脾气。

“我不允许她出事，没有任何原因，就是不许！”两分钟过后，崔娜再次出现在镜头里，眼圈红红的，没说几句，眼泪就流了下来。

曲立园的故事是《生命缘》女记者马婷在北京协和医院白天黑夜蹲点了3周才发现的。这家以医术精湛著称于世的大医院，是唯一允许她将摄像机同时架进急诊室、手术室和重症监护室的医院。第一次拍摄手术室里的故事，马婷感到前所未有的紧张和压力。

那天，曲立园的母亲第一次获准进重症监护室去看女儿。看到妈妈，连续昏睡6天的曲立园一下子躁动起来，心率从

120瞬间升到150。再让母女在一起，情况将十分危险，崔娜真急了，立即厉声打断了会面。

直到节目播出的前一刻，《生命缘》女记者马婷还在反复思忖，该不该把这一段播出去。

早在今年7月26日，《生命缘》第一期《母子求生记》在北京卫视播出，一炮打响。完整视频播出，崔娜被观众誉为业界良心。而在这千万观众之中，马婷就是其中之一，一边给孩子喂奶一边看电视。

“女汉子”背后的汉子们

《生命缘》是一个幕后团队，其中隐藏最深的，一位是照顾着6位女同事的唯一男记者秦晓明，一位是唯一没生孩子，承担最多任务和急活的王彦。

《生命缘》记者团队总共7人，6位女性，5位是正在哺乳的妈妈。她们背后，5个大男人日子过得怎样可想而知。

《生命缘》女记者闫一可的老公于菲，有段时间天天找茬跟媳妇吵架。妻子夜以继日忘我工作，孩子嗷嗷待哺经常生病，于菲觉得太憋屈了，甚至恨上了《生命缘》。此时，闫一可也到了崩溃的边缘。

转折来了。

9月13日，《生命缘》播出了闫一可拍摄的癫痫儿童毛毛的故事。当看到毛毛进手术室前与妈妈告别的情景，于菲哭了。节目结束时，于菲意味深长地看了妻子一眼，满是柔情。

《生命缘》第6期讲述的是手术室里的生死博弈。女记者韩靖同医护人员一起35个小时不睡觉、不回家。病人大哥的最终离世让韩靖备受打击，她陪着家属一起痛哭。事后一个月，她又与家属一起商量怎样给逝者的孩子做工作，再次泪流不止。

酷暑的7月初，“85后”女记者刘书含进入工作最紧张的日子。就在此时，刚满一周岁的儿子两次发高烧到40度，一度滴水不进，只能吃母乳。工作实在放不下，刘书含把孩子带到医院附近的宾馆住下，趁拍片的间隙跑步往返给孩子喂奶。其间刚好赶上拍摄一场关键手术，老公咬牙请了2天假，带着生病的孩子在医院和妻子一起工作了两天。孩子康复了，老父亲突然又在家晕倒，被120救护车送到医院。成天在大医院采访大专家、大教授的女儿，连一个号都没有顾得上为父亲挂。

记者沉下去，境界升上来。这，就是北京电视台《生命缘》妈妈记者团的故事。

（作者董城、陈雪，《光明日报》2014年10月15日刊发）

模拟试卷（十）参考答案

一、单项选择题（本大题共20小题，每小题1分，共20分）

1. A　2. C　3. A　4. B　5. B　6. B　7. B　8. A
9. A　10. B　11. C　12. D　13. D　14. D　15. A　16. B
17. D　18. A　19. D　20. D

二、多项选择题（本大题共5小题，每小题2分，共10分）

1. BCD　2. ABCD　3. ABCE　4. ABCD　5. ABCD

三、案例分析题（本大题共2小题，每小题15分，共30分）

1. 答题要点：

题材重大，主题富有强烈社会意义；音响丰富，充分体现出广播特色；按照现状、作用、原因、对策的思路布局，结构清晰，层层递进。

2. 答题要点：

可根据当地实际确定报道主题、采访目的、采访对象、采访进程、采访实施方案、采访提纲等。注意要选取新的报道视角。

四、写作题（本大题共2小题，每小题20分，共40分）

1. 答题要点：

提炼新闻事实，确定新闻要素；根据主题和事实特点确定消息结构；根据结构和材料特点，确定导语类型、导语内容；表达符合电视规律；语言通俗、简洁、清晰，具体形象。

2. 答题要点：

结合社会形势确立评论主题，找准评论切入点，注意夹叙夹议，遵循电视的传播规律，结构简洁清晰，语言通俗易懂。

后 记

为提高广播影视从业人员的素质，加强广播影视人才培训工作，我们针对当前广播影视岗位对人才能力和素质的要求，组织修订了“广播影视业务教育培训丛书”。“丛书”编印四本，分别是《广播电视综合知识》、《广播电视基础知识》、《广播电视业务》和《广播电视播音主持业务》。这四本书是广播电视编辑记者、播音员主持人的岗位培训教材，也可供有志成为广播电视编辑记者、播音员主持人的人员自学使用。

在“丛书”编写过程中，我们得到了来自部分中央和国家机关、教学和科研单位的领导和专家的支持。参加本“丛书”编写和修订工作的同志有（按姓氏笔画排序）：马政、仇东方、方华、王顺生、卢静、叶庆丰、白占群、边立新、刘俐、孙树凤、孙聚成、成美、许颖、冷成金、吴弘毅、张俊、张玲、李忠杰、李晓华、杨小虎、陈先奎、陈亮、陈禹、周小普、周步恒、林鸿、罗哲宇、胡钧、赵小钦、郝大海、涂光晋、秦宣、贾建芳、梁坤、梁鸿鹰、傅程、温飙、谢忠民、鲁景超、熊智辉、魏开鹏等。

在本“丛书”修订过程中，我们得到了许多学者、老师的大力支持：参加《广播电视综合知识》修订的有山西传媒学院王美清、刘潇滨、范仙珍、裴京娟、张慧芳、刘玮、刘晓丹老师；参加《广播电视基础知识》修订的有山西传媒学院郭卫东、郭萍、文红老师；参加《广播电视播音主持业务》修订的有中央广播电视总台王浩瑜老师；参加《广播电视业务》修订的有中国传媒大学刘年辉老师。

2020年，根据新大纲要求，山西传媒学院裴京娟副教授对《广播电视综合知识》《广播电视基础知识》进行新知识点的补充。在此一并表示衷心的感谢。

在此，谨向为本“丛书”的编写、修订、出版予以大力支持的有关单位和付出辛勤劳动的专家学者及工作人员表示诚挚的感谢！

在编写修订过程中，还有一些专家给予了大力支持，我们也引用了部分资料，未能一一致谢，在此敬请谅解并表示感谢！由于时间仓促，本书中可能还会有一些疏漏，敬请读者理解。

广播影视业务教育培训丛书编写组

2020年9月

图书在版编目（CIP）数据

广播电视业务 / 广播影视业务教育培训丛书编写组编. —北京：中国国际广播出版社，2018.8（2020.9重印）
（广播影视业务教育培训丛书）
ISBN 978-7-5078-4331-6

Ⅰ.①广… Ⅱ.①广… Ⅲ.①广播电视－业务培训－教材 Ⅳ.①G220

中国版本图书馆CIP数据核字（2018）第146852号

广播电视业务

编　　者	广播影视业务教育培训丛书编写组
责任编辑	刘　晗
校　　对	张　娜
版式设计	国广设计室
出版发行	中国国际广播出版社［010-83139469　010-83139489（传真）］
社　　址	北京市西城区天宁寺前街2号北院A座一层 邮编：100055
印　　刷	天津市新科印刷有限公司
开　　本	710×1000　1/16
字　　数	300千字
印　　张	21.75
版　　次	2018 年 8 月　北京第一版
印　　次	2020 年 9 月　第三次印刷
定　　价	50.00 元